CON
BOOK.

MARKUS LESWENG

HOW TO KILL YOURSELF *daheim*

DER ATLAS FÜR
WAHNSINNIG HEIMATVERBUNDENE UND
HEIMATVERBUNDENE WAHNSINNIGE

Folgen Sie uns!

Wir informieren Sie gerne und regelmäßig über Neuigkeiten aus der Welt des CONBOOK Verlags. Folgen Sie uns für News, Stories und Informationen zu unseren Büchern, Themen und Autoren.

www.conbook-verlag.de/newsletter

www.facebook.com/conbook

www.instagram.com/conbook_verlag

1. Auflage

www.conbook-verlag.de

Dieses Werk wurde vermittelt durch Aenne Glienke | Agentur für Autoren und Verlage, www.AenneGlienkeAgentur.de.
Textredaktion: Matthias Sommer, Berlin
Einbandgestaltung: Weiß-Freiburg GmbH – Grafik und Buchgestaltung
unter Verwendung von Motiven von © mavo/shutterstock.com, © Lluis Ballbe/shutterstock.com und © lehvis/fotolia.com
Satz: Weiß-Freiburg GmbH – Grafik und Buchgestaltung
Druck und Verarbeitung: Himmer GmbH Druckerei, Augsburg

Printed in Germany

ISBN 978-3-95889-303-0

INHALT

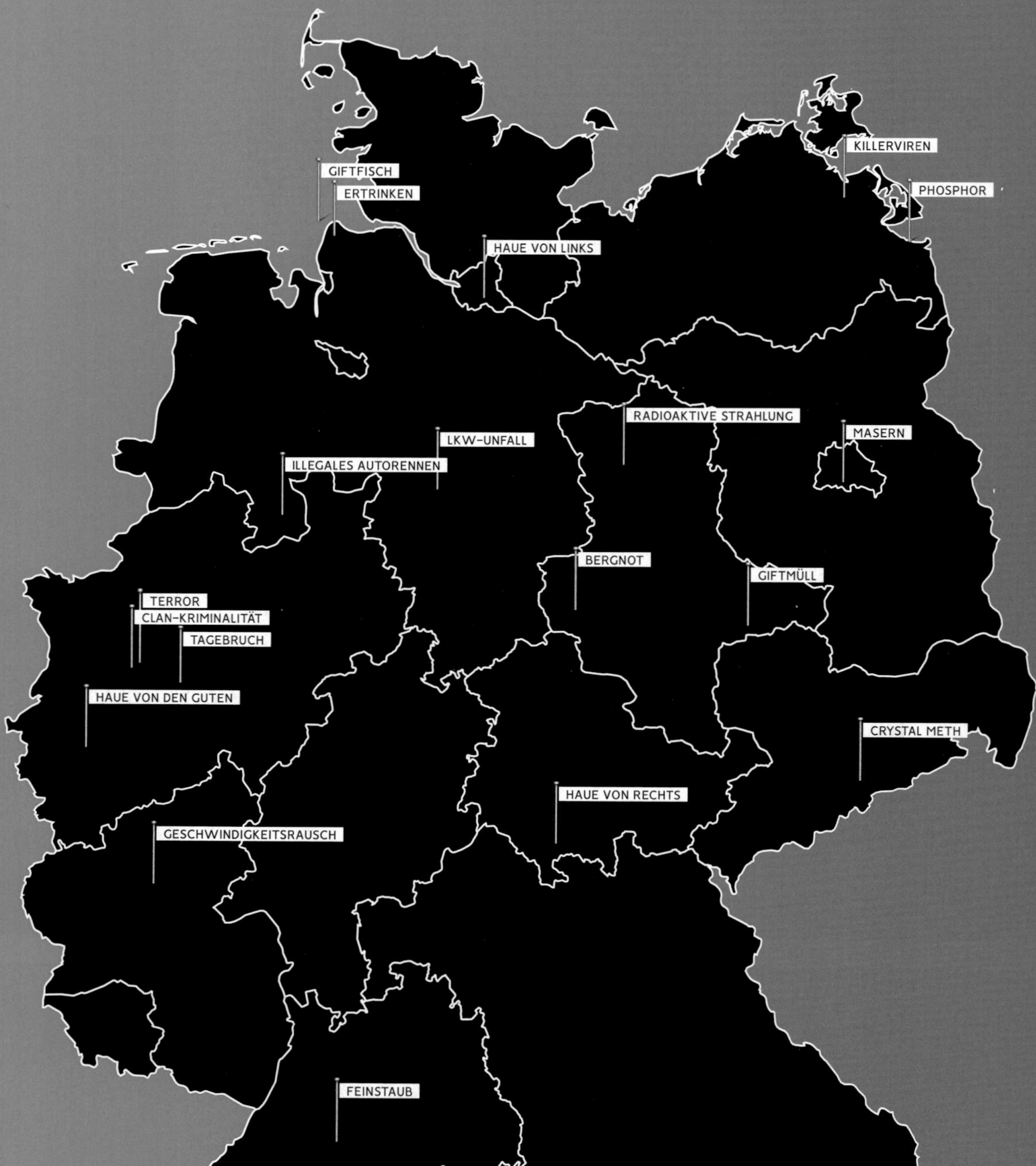
GIFTFISCH
ERTRINKEN
HAUE VON LINKS
KILLERVIREN
PHOSPHOR
RADIOAKTIVE STRAHLUNG
MASERN
LKW-UNFALL
ILLEGALES AUTORENNEN
BERGNOT
GIFTMÜLL
TERROR
CLAN-KRIMINALITÄT
TAGEBRUCH
HAUE VON DEN GUTEN
CRYSTAL METH
HAUE VON RECHTS
GESCHWINDIGKEITSRAUSCH
FEINSTAUB
TAUCHUNFALL
STRÖMUNG
FETT
ALKOHOL
VERIRRUNG
KÄLTE
ERSCHÖPFUNG
50 km
500 km

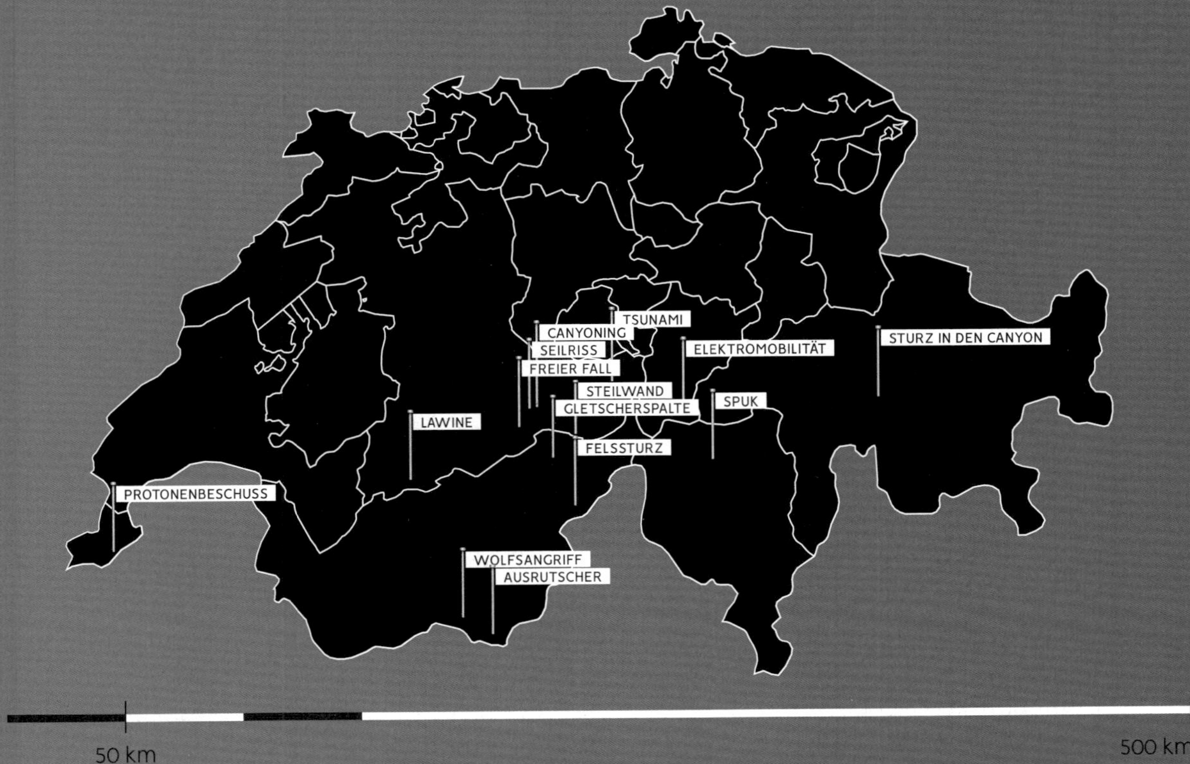
TSUNAMI
CANYONING
SEILRISS
FREIER FALL
ELEKTROMOBILITÄT
STURZ IN DEN CANYON
STEILWAND
GLETSCHERSPALTE
SPUK
LAWINE
FELSSTURZ
PROTONENBESCHUSS
WOLFSANGRIFF
AUSRUTSCHER
50 km
500 km

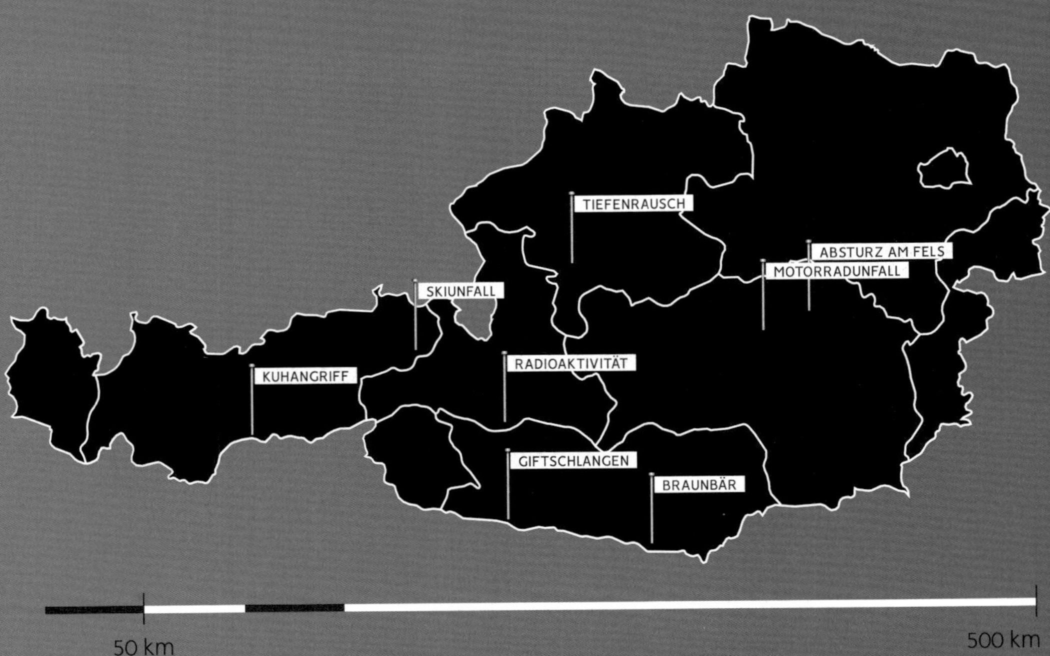
TIEFENRAUSCH
ABSTURZ AM FELS
MOTORRADUNFALL
SKIUNFALL
KUHANGRIFF
RADIOAKTIVITÄT
GIFTSCHLANGEN
BRAUNBÄR
50 km
500 km

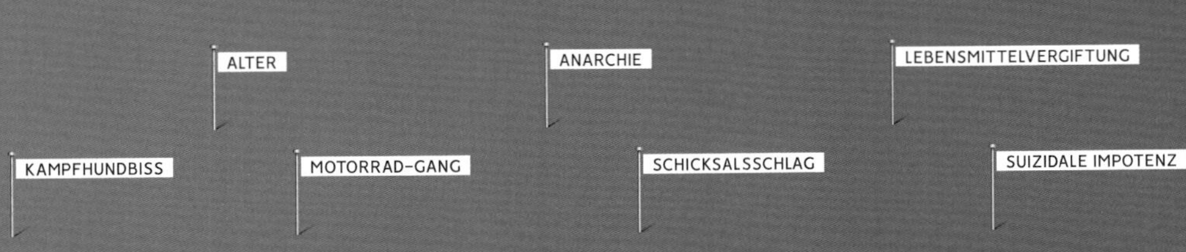
ALTER
ANARCHIE
LEBENSMITTELVERGIFTUNG
KAMPFHUNDBISS
MOTORRAD-GANG
SCHICKSALSSCHLAG
SUIZIDALE IMPOTENZ

VORWORT

Warum in die Ferne schweifen, wenn das Gute doch so nah liegt?

Sicherlich, die große, weite Welt ist randvoll mit spektakulären wie brandgefährlichen Orten und Sehenswürdigkeiten. Doch schnell vergisst man, wie viel nackter Wahnsinn sich zwischen Türschwelle und Naherholungsgebiet finden lässt: Auch Deutschland, Österreich und die Schweiz können dem leichtsinnigen Reisenden von Welt eine Menge bieten.

Wer also kein Vermögen ausgeben möchte, um sich und seine Familie in akute Gefahr zu bringen, ist mit diesem Reiseführter bestens bedient: Wer diese Destinationen abklappert, wird die eigene Heimat im Anschluss mit anderen Augen sehen als zuvor. Es empfiehlt sich jedoch, vorher eine umfassende Lebensversicherung abzuschließen – nur für den Fall der Fälle, versteht sich.

Wer sich nur inspirieren lassen will, wird bei der Lektüre dieses etwas anderen Reiseratgebers ebenfalls fündig. Zwischen dem kleinen Nervenkitzel um die Ecke und der Nahtoderfahrung in den größten Steilwänden der Alpen findet sich hier alles, was den Puls von Weltenbummlern wie Daheimbleibern in die Höhe treibt – angereichert mit den unglaublichsten Geschichten, randvoll mit pechschwarzem Humor und gespickt mit hilfreichen Praxistipps, die andere Reiseführer Ihnen aus guten Gründen verschweigen.

Machen Sie sich also auf und entdecken Sie einige der faszinierendsten wie gefährlichsten Orte, die versteckt in der eigenen Heimat liegen. Mir als Autor bleibt nur, Ihnen dabei viel Vergnügen zu wünschen. Hals- und Beinbruch – und eine gute Reise!

TAUCHUNFALL

BLAUTOPF, BLAUBEUREN, BADEN-WÜRTTEMBERG

SPANNUNG	GEFAHR	FAMILIENFREUNDLICHKEIT
3 von 5	3 von 5	5 von 5

Die Blau, die in der Nähe von Ulm der Donau zufließt, hat ihren Ursprung im Blautopf, einer idyllisch gelegenen Quelle am nördlichen Rand Blaubeurens, das sich bescheiden als der »Perle der Schwäbischen Alb« anpreist. Die Quelle selbst wird über das Blauhöhlensystem entwässert.

Wie die Kreativität bei der Namensgebung schon andeutet, spielt die Farbe Blau bei dieser Destination eine zentrale Rolle. Beim Blautopf handelt es sich um eine Karstquelle, bei der Wasser, das an anderen Orten versickert ist, wieder an die Oberfläche tritt. Entscheidender Unterschied: Durch aus dem Fels herausgewaschene Mikropartikel schimmert das Gewässer in einem betörenden Blau, das insbesondere bei strahlendem Sonnenschein seine volle Pracht entfaltet. Wobei es dann eher grün aussieht. Egal. Jedenfalls: Ein Effekt, wie man ihn in ähnlicher Form von einigen Gletscherseen kennt oder von der Blauen Lagune in Island.

Vom Farbspiel abgesehen, erscheint der Blautopf zunächst wenig imposant, sondern eher wie ein verwunschener Tümpel im Wald. Doch nichts könnte mehr trügen als dieser Eindruck. Die Quelle selbst ist vielleicht nur zwanzig Meter tief, doch genau in dieser Tiefe liegt ihr Abfluss – und hinter diesem eines der größten Höhlensysteme Deutschlands.

Die Erforschung dieses Höhlensystems ist untrennbar verbunden mit dem Namen Jochen Hasenmeyer, einem Tauchpionier, der das Blauhöhlensystem als erster – und lange Zeit auch einziger – Mensch erforscht hat. Hasenmeyer begann seine ersten Erkundungen in Unterwasserhöhlen ohne Ausrüstung, sprich in Badehose und mit Luftanhalten. Um seine Reichweite zu erhöhen, nahm er alsbald eine kleine Pressluftflasche mit, deren Luft er unter Wasser in einen Sack abließ, um dann daraus zu atmen – ohne Lungenautomat, wohlgemerkt.

HINTER – ODER BESSER UNTER – DEM UNSCHEINBAREN TÜMPEL VERBIRGT SICH DER ZUGANG ZU EINEM DER GRÖßTEN HÖHLENSYSTEME DER NATION. ES WARTET AUF NEUGIERIGE BESUCHER ...

Entsprechend abgehärtet, begannen seine Expeditionen im Blautopf in einem selbst genähten Trockenanzug aus Bettlaken, die er mit Fahrradflickzeug isolierte. Stück für Stück professionalisierte er seine Technik und wurde im Jahr 1985 angemessen belohnt: mit der Entdeckung einer riesigen Trockenhöhle von dreißig Meter Höhe mehr als einen Kilometer hinter dem Einstieg in die Höhle. Hasenmeyer taufte sie Mörikedom, in Anlehnung an den Dichter, der sich mit den regionalen Sagen beschäftigt und in einer seiner Erzählungen, »Das Stuttgarter Hutzelmännlein«, auch über den Blautopf geschrieben hatte. Später sollte Hasenmeyer immer tiefer in die Höhle vordringen, gar mithilfe eines selbst entwickelten Mini-U-Bootes.

Doch diese Erfolge können nicht darüber hinwegtäuschen, dass es wenige Tätigkeiten auf der Welt gibt, die gefährlicher sind als das Höhlentauchen. So gab es auch im Blautopf in den frühen Jahren der Erforschung mehrere tödliche Unfälle, weshalb der Zugang seit den Achtzigerjahren allgemein verboten ist und lediglich Einsatztauchern mit Ausnahmegenehmigung gestattet wird. Doch selbst bei den Profis reicht ein winziger Fehler für ein großes Desaster: 2003 nahm ein Taucher aus Hasenmeyers Team seinen letzten Atemzug in der Höhle.

Trotzdem läuft die Erforschung des Höhlensystems munter weiter. Mittlerweile sind mehrere Kilometer schon kartiert, ein Ende ist nicht in Sicht; Abenteuer für künftige Generationen finden sich zu Genüge. Bei der Erkundung eines Nebenarms der Höhle im Jahr 2008 stutzten die Forscher über merkwürdige Geräusche, die sie alsbald als Verkehrslärm identifizieren konnten.

▾ Wie soll man einem derart betörenden Blau widerstehen?

▲ Da kann die Blaue Lagune einpacken.

In der Tat befanden sie sich nur wenige Meter Luft- beziehungsweise Steinlinie entfernt von der Bundesstraße 28. Zwei Jahre später wurde das Blauhöhlensystem von oben angebohrt, sodass seitdem ein Zugang ohne voriges Höhlentauchen möglich ist.

FAZIT: 15 Kilometer westlich von Ulm findet sich im idyllisch gelegenen und so sanftmütig schimmernden Blautopf ein gefährlich schöner Vorposten in die Unterwelt. Während ein Rundweg um das Gewässer jederzeit frei zugänglich ist, ist das Eintauchen in die Quelle offiziell untersagt. Doch verschafft es dem Unerschrockenen Zugang zu einem submarinen Höhlensystem, das einen höllischen Spaß verspricht …

Das Tolle am Höhlentauchen – und beim Erforschen unbekannter Höhlen ganz allgemein – ist: Wenn man vorher niemandem Bescheid gibt, was man vorhat, kann es Tausende Jahre dauern, bis man wiedergefunden wird. Wer den offiziellen Weg wählt, kommt jedoch nicht daran vorbei, sich Fachwissen anzueignen und den Gruppen anzuschließen, die mit der professionellen Untersuchung des Höhlensystems betraut sind.

FREIER FALL

TAL DES TODES, LAUTERBRUNNEN, BERN

SPANNUNG	GEFAHR	FAMILIENFREUNDLICHKEIT
5/5	4/5	2/5

Pioniere braucht das Land – Pioniere wie Franz Reichelt. Ende des 19. Jahrhunderts ließ sich der österreichisch-französische Damenschneider in Paris nieder und entwickelte eine fatale Besessenheit zu Fallschirmen. Nach der Jahrhundertwende wurde immer mehr geflogen, doch das Design der Fallschirme konnte mit der Entwicklung der Flugzeugtechnik zunächst nicht mithalten. Reichelt konzipierte daraufhin einen Fallschirmanzug, der allen physikalischen Erkenntnissen spottete und selbst bei bescheidenen Testläufen – wie aus sechs Metern Höhe in einen Strohhaufen – kläglich versagte. Das konnte sein Vertrauen in seine Erfindung jedoch nicht schwächen – ganz im Gegenteil: 1912 kündigte er einen Testlauf an, bei dem er eine Puppe vom Eifelturm stoßen wollte. Entgegen der polizeilichen Auflagen verzichtete Reichelt jedoch auf die Puppe und sprang selbst von der ersten Plattform in 57 Meter Höhe. Schaulustige durften beobachten, wie Reichelt nach etwa vier Sekunden Flugzeit »nahezu ungebremst« auf den Boden aufschlug. Zwar ließ er dabei sein Leben, aber auf der positiven Seite sei vermerkt, dass er damit – wenn auch unbeabsichtigt – eine neue Klasse von Extremsportarten begründet hatte.

Heute ist Base-Jumping weltweit populär unter allen, die innerlich mit ihrem Leben bereits abschlossen haben. Im Gegensatz zum normalen Paragliding oder Fallschirmspringen geht es beim Base-Jumping darum, sich von einem hohen Abgrund zu stürzen und möglichst lange »frei

▸ Blick aus einer der spektakulärsten Seilbahnen der Welt hinein ins Lauterbrunnental

Vor dieser Kulisse stürzt man sich ins Vergnügen.
Oder ins Verderben, je nachdem.

wie ein Vogel« zu fühlen, bevor man im allerletzten Moment den rettenden Fallschirm auslöst. Da die Fallzeiten sehr kurz sind, lohnt sich kein Reserveschirm.

Doch auch der klassische Base-Jump ist nicht das Ende der Evolution. Mittlerweile sind Wingsuits angesagt, also Sprunganzüge mit Flügelflächen, mit denen man (wie ein überdimensionierter Gleitbeutler) wesentlich länger in der Luft bleiben kann, sowie Tracksuits, die den gleichen Effekt ohne Flügelflächen erreichen. Dabei erzielt man bis zu 180 Kilometer pro Stunde – nur eben nicht nach unten, sondern auch nach vorne, gerne haarscharf an den Felsen vorbei.

Völlig logisch also, dass Base-Jumping zu den gefährlichsten Sportarten zählt, die der Planet zu bieten hat. Die berühmt-berüchtigte »Base Fatality List«, die im Internet fein säuberlich alle tödlichen Unfälle aufzählt, erreichte bereits 2016 den Meilenstein von 300 Einträgen; seitdem kommen jeden Monat zwei bis drei neue hinzu – für eine Nischensportart eine beeindruckende Entwicklung. Einem von sieben gelingt der Absprung in der Schweiz, genauer gesagt im wunderschönen Lauterbrunnental, welches aus diesem Grund den unvorteilhaften Spitznamen »Tal des Todes« trägt.

HIER IST DIE GEFÄHRLICHSTE SPORTART DER WELT ZU HAUSE – UND DUTZENDE VON SPRINGERN HABEN DAS TAL NICHT MEHR LEBEND VERLASSEN. ABER DAVON LÄSST SICH EIN BEGEISTERTER BASE-JUMPER NICHT IM GERINGSTEN IRRITIEREN …

Das hat zwei Gründe: Zum einen ist Base-Jumping an den meisten Orten der Welt nicht wohlgelitten. Natürlich klettern Wahnsinnige auch illegal auf Hochhäuser und stürzen sich hinab. Im Lauterbrunnental wird es jedoch gegen kleines Entgelt toleriert, in der Hoffnung, es wenigstens kontrollieren zu können. Zum anderen ist es die Geographie: Vor Mürren fällt der Fels fast 600 Meter senkrecht hinab, gegenüber liegt die spektakuläre Kette von Viertausendern, die das Berner Oberland dominiert. Wenn der Stunt schiefgeht, so kann man sich wenigstens an der Aussicht trösten.

Jedes Jahr finden im Lauterbrunnental rund 20.000 Sprünge statt, allerdings von einer relativ kleinen Gruppe an höchst erfahrenen Springern, die gut und gern vierzig Mal pro Saison in den Abgrund hüpfen. Selbst dann, wenn sich kurz zuvor jemand aus der eigenen Truppe in einen unansehnlichen Fettfleck am Talboden verwandelt hat. Das Risiko gehört eben dazu.

FAZIT: Die autofreie Stadt Mürren zählt zu den bekanntesten Urlaubsorten der Schweiz. Sie ist mit einer Seilbahn, einer Transportseilbahn und einer Kombination aus Seilbahn und Adhäsionsbahn über alle Maßen gut angebunden. Nach Lauterbrunnen selbst führen die Zahnradbahnen der Jungfraubahn ab Interlaken.

Der Blick ins Lauterbrunnental zählt zu den populärsten Fotomotiven der Schweiz und ist wahrlich überwältigend, selbst wenn man nicht plant, sich hinabzustürzen. Falls doch, bietet sich der *Exit Point* »High Nose« an, wo sieben Sekunden freier Fall warten, bevor man den Fallschirm auslösen sollte.

Alternativ kann man sich das Spektakel auch aus dem Tal ansehen – Helm nicht vergessen! Neben den Unfällen, bei denen sich der Schirm nicht rechtzeitig öffnet, kommt es mitunter zu unerwarteten Windböen, die die Springer gegen die Wand schleudern. Es soll schon vorgekommen sein, dass ein lebloser Körper zu Boden gesegelt ist, was selbst ein gewöhnliches Familienpicknick in den Weiden des Lauterbrunnentals in ein wahrlich unvergessliches Erlebnis verwandeln würde.

KILLERVIREN

FRIEDRICH-LÖFFLER-INSTITUT, RIEMS, MECKLENBURG-VORPOMMERN

SPANNUNG ●●●●○ **GEFAHR** ●●●○○ **FAMILIENFREUNDLICHKEIT** ●●●●○

Die meisten Menschen sind mit dem Namen Robert Koch vertraut. Anders verhält es sich mit dem seines fleißigen Schülers Friedrich Löffler, obwohl dessen Bedeutung für unser heutiges Wohlergehen kaum überschätzt werden kann. Löffler entdeckte 1898 den Erreger der Maul- und Klauenseuche und beschrieb erstmals nicht Bakterien als Verursacher einer Krankheit, sondern Viren. Quasi aus Versehen wurde er zum Begründer der Virologie, die sich mit einer Klasse bis dahin völlig unbekannter Erreger beschäftigte.

Selbstverständlich war dies nur der Beginn einer steilen Forscherkarriere. Doch unglückseligerweise taten die Viren mit enervierender Regelmäßigkeit genau das, was man von ihnen erwartete, und breiteten sich unkontrolliert aus. Wann immer Löffler die Verbreitung der Krankheit und ihre Effekte an Versuchsherden studieren wollte, siechte kurz darauf die Herde des Nachbarn dahin. Seinerzeit scherzte man bitterböse, die Maul- und Klauenseuche wäre in Deutschland längst ausgestorben, wenn Löffler nicht so dilettantisch an ihr forschen würde. Dem Staat wurde es irgendwann zu bunt und er bat Löffler höflichst, sich doch bitte einen besser isolierten Standort zu suchen, um an seinen Killerviren zu forschen. Die Sorge war begründet, denn geschätzte zwei Drittel aller Infektionskrankheiten beim Menschen sind Geschenke unserer tierischen Mitbewohner, darunter die Schweinegrippe oder Ebola.

Daraufhin wurde 1910 das (heutige) Friedrich-Löffler-Institut auf der Insel Riems nur weniger Kilometer südlich von Rügen begründet. Dort konnte Löffler sich endlich seinen Experimenten widmen, ohne Mensch und Tier unnötig zu gefährden. Jedoch nicht allzu lange: Der Erste Weltkrieg setzte den Forschungen ein abruptes Ende.

Allerdings konnte die Suche nach einem Impfstoff nach Kriegsende zügig wieder aufgenommen werden. Gute Nachricht für Mensch und Vieh: 1920 entdeckte man, dass Meerschweinchen ebenfalls empfänglich sind für den Erreger der Maul- und Klauenseuche, zugleich aber deutlich handlicher und billiger als – beispielsweise – Kühe. Damit wurden Meerschweinchen in den Stand des neuen Versuchskaninchens befördert (Glückwunsch!), und das, was auf Behördendeutsch salopp als »jährlicher Gesamtbedarf« umschrieben wird, stieg auf 70.000 Tiere. Alles, was die Meerschweinchen im Gegenzug bekamen, war ein Denkmal.

Wie kaum anders zu erwarten, interessierten sich die Nazis brennend für die Experimente, die auf der Insel Riems durchgeführt wurden. Anstatt um Impfungen ging es gegen Ende des Zweiten Weltkriegs in erster Linie um die biologische Kriegsführung, direkt unter Aufsicht des Hauptamtes für Volksgesundheit und damit Heinrich Himmlers. Das Löffler-Institut selbst weist darauf hin, dass im Jahr 1945 »Ausrüstungen und Einrichtungen des Riems als Reparationsleistung größtenteils verloren« gingen. Im Grunde genommen hätte dies das endgültige Ende des Instituts sein müssen, doch da bereits 1946 die nächste Welle der Maul- und Klauen-

An dieser Stelle bitten wir um eine Schweigeminute in Gedenken an Millionen von Meerschweinchen, die für die Medizin ihr Leben auf Riems ließen.

seuche Europa unsicher machte, wurden die Forschungen alsbald fortgeführt.

Heute gilt das Friedrich-Löffler-Institut als eine der modernsten Einrichtungen seiner Art; es ist eine von wenigen Forschungsstationen weltweit, an denen die höchste Schutzstufe für die Arbeit an Mikroorganismen erreicht wird. Die Forschung findet hier unter ständigem Unterdruck statt; die Wissenschaftler bewegen sich in Schutzanzügen, tragen zwei Paar Handschuhe und werden gründlichst dekontaminiert, bevor sie das Labor wieder verlassen dürfen. Nicht so bei den Tieren: Andere Lebewesen verlassen die Insel nicht lebend. Sie verenden bei den Tierversuchen und werden anschließend in großen »Kill-Tanks«, die randvoll mit aggressivem Kaliumhydroxid gefüllt sind, in sterilen Staub verwandelt.

FAZIT: Zu Beginn war die Insel Riems nur über Segel- und Ruderboote erreichbar, später kam ein Dampfschiffbetrieb hinzu; 1926 wurde dann eine Seilbahn eingerichtet. Heute ist der Zugang viel einfacher: Über einen Damm und eine Brücke kann man leicht auf die Insel gelangen. Unglücklicherweise ist ein großer Teil Riems' jedoch ausgewiesenes Sperrgebiet und durch lästige Zäune unzugänglich, sodass es schwierig sein dürfte, durch bloßes Lustwandeln einem tödlichen Erreger näherzukommen. Die Sicherheits- und Hygienemaßnahmen sind so perfektioniert, dass es streng genommen nicht mehr nötig ist, das Institut auf einer Insel zu isolieren. Daher hilft nur eines: Wer Zugang zur höchsten Sicherheitsstufe möchte, verkleidet sich als Pizzabote und schummelt sich hinein.

Gute Nachrichten für alle, die die Reise nur lesend im Sessel antreten: Ein primitiver »Kill-Tank« lässt sich auch leicht zu Hause in der Badewanne nachbauen; dazu benötigt man nur warmes Wasser und frisches Kalium, das nach einer wahrlich spektakulären Reaktion die benötigte Lauge bildet. Das passende Meerschweinchen ist im zoologischen Fachhandel bereits ab 15 Euro erhältlich, sofern man sich nicht sowieso im heimischen Kinderzimmer bedient; zu den Kosten für die Renovierung des Badezimmers kommen dann allerdings noch die für den Therapeuten der Kinder.

MOTORRADUNFALL

ERZBERG-RODEO, EISENERZ, STEIERMARK

SPANNUNG	GEFAHR	FAMILIENFREUNDLICHKEIT
3 von 5	2 von 5	5 von 5

Nördlich von Leoben, tief in der Steiermark, liegt die Stadt Eisenerz am Fuß des Erzbergs. Wie bei diesen Namen wenig verwundern kann: Seit mehr als eintausend Jahren wird hier fleißig Eisenerz abgebaut. Bis heute ist diese Industrie in einer sonst strukturschwachen Region ein herausragend wichtiger Wirtschaftsfaktor. Und sie wird es bleiben: Der Erzberg gilt als eine der reichsten

▸ Rostrot wie das tiefste Outback Australiens, gelegen im tiefsten Outback Österreichs

Rund 50 Jahre wird es noch dauern, bis der Erzberg abgetragen ist und wir uns endgültig auf original-chinesischen Krupp-Stahl verlassen müssen.

Quellen, die im Tagebau erschlossen werden können, und bietet Reserven für weitere fünfzig Jahre.

Aber damit nicht genug – bis der Erzberg komplett abgetragen ist, bietet er die spektakuläre Kulisse für das »anerkannt härteste Offroad-Single-Day Rennen der Welt«, so die höchst spezifische Selbstbeschreibung. Heißt im Klartext: Rund 1.500 Enduro-Fahrer treffen sich jedes Jahr im Frühsommer, um auf ihren Geländemotorrädern den 1.466 Meter hohen Erzberg zu bezwingen – inklusive seiner 24 Terrassen.

Seinen bescheidenen Anfang nahm die Veranstaltung im Jahr 1995, als sich 120 Fahrer miteinander messen wollten. Doch der mythische Ruf des Rennens, nur für die Härtesten der Harten geeignet zu sein, trug rasch zur Popularität des Events bei. Heute ist es kein Problem, in wenigen Stunden 1.500 begeisterte Teilnehmer aus aller Herren Länder zu finden (darunter die besten Enduro-Fahrer der Welt) – und das, obwohl es nicht einen Cent Preisgeld gibt. Zu gewinnen gibt es nichts außer der Ehre. Und die Bewunderung von bis zu 50.000 Besuchern, die die sonst verschlafene Region Jahr für Jahr überrumpeln und das Ereignis für die Gemeinde zu einer höchst lukrativen Veranstaltung machen.

WO GIBT ES SCHON EIN RODEO, BEI DEM MAN ÜBER 35 KILOMETER LANG FEST IM SATTEL SITZEN MUSS? UND WO SICH GLEICH EINTAUSEND LEUTE SCHÖN AUF DIE FRESSE LEGEN?

Dabei besteht das Erzberg-Rodeo nicht nur aus einem einzigen Rennen. Die Werbung verspricht auch genügend Raum für »spektakuläre Stunts und halsbrecherische Sprünge«. Über mehrere Qualifikationsläufe werden die Besten der Besten herausgefiltert, die am letzten Rennen des viertägigen Events überhaupt teilnehmen dürfen. Sie haben vier Stunden Zeit, um eine rund 35 Kilometer lange Strecke Richtung Gipfel zu bewältigen. Von 500 Teilnehmern schaffen dies im Regelfall nur dreißig; unter anderem, weil sich schon am ersten Hügel die Hälfte von ihnen auf die Fresse legt. Ähnlich wie bei der Tour de France stürzt man am Erzberg selten allein: Wer umfällt und auf der Strecke liegen bleibt, hat nur wenige Sekunden Zeit, das Feld zu räumen, bevor der Nächste angerauscht kommt. Heitere Massenkarambolagen sind vorprogrammiert, zur unverhohlenen Begeisterung des Publikums.

Gemessen an der Zahl der Teilnehmer kann es nur verwundern, wie wenig schwere Unfälle es bei den Rennen bisher gegeben hat. Der einzige tödliche Zwischenfall am Erzberg mutet geradezu skurril an: Ein Zuschauer, der einem Fahrer zur Hilfe eilen wollte, wurde von einem herabstürzenden Felsbrocken erschlagen, der sich aus völlig unbekannten Gründen im oberen Hang gelöst hatte. Ansonsten bleibt es bei Halswirbel- und Beinbrüchen – bislang.

FAZIT: Theoretisch ist die Teilnahme am Erzberg-Rodeo für jeden möglich. Möglich heißt aber nicht sinnvoll: Es handelt sich in der Tat um eines der, wenn nicht das anspruchsvollste Rennen seiner Art. Harmlos ist dagegen der Besuch der Veranstaltung als Zuschauer. Wer möchte, kann sich bereits online einstimmen, indem er die Zusammenschnitte der Stürze und Karambolagen von Motorradfahrern anschaut, die bei der Bezwingung des steilen Berges grandios gescheitert sind. Tipp: Wenn man den Kopf im richtigen Winkel zur Seite neigt, sieht es aus, als schaute man ein paar Idioten zu, die unfähig sind, geradeaus zu fahren.

Wer nicht ganz so risikofreudig veranlagt ist, kann an dem (ebenfalls anspruchsvollen) Berglauf im Hochsommer teilnehmen – 745 Höhenmeter, gute zwölf Kilometer – ein sonntäglicher Spaziergang im Park ist auch das nicht.

CLAN-KRIMINALITÄT

DUISBURG-MARXLOH, NORDRHEIN-WESTFALEN

SPANNUNG | GEFAHR | FAMILIENFREUNDLICHKEIT

Problemviertel hat es in Deutschland schon immer gegeben. Ironischerweise sind es meist diejenigen Stadtteile mit besonders hübschen Namen, in denen sich Kriminalität und Armut gegenseitig hochschaukeln: In Köln ist es Bilderstöckchen, in Hamburg der Mümmelmannsberg, in München Neuperlach. Von der zur Unregierbarkeit segelnden Hauptstadt Berlin einmal abgesehen steht jedoch kein Ort in der Bundesrepublik so sehr für das archetypische Problemviertel – neudeutsch spricht man von »No-go-Areas« – wie Duisburg-Marxloh.

In den Fokus der Aufmerksamkeit gelangten die No-go-Areas ausgerechnet durch die feuchtfröhliche Fußball-Weltmeisterschaft 2006, als einige ausländische Interessenverbände unverhohlene Reisewarnungen für Teile Deutschlands – also den Osten – aussprachen. Schwerpunkt war damals die Sorge vor rechtsextremen Übergriffen gegen ausländische, allen voran dunkelhäutige Gäste. Die nationale Politik reagierte, wie zu erwarten, mit Empörung auf die Vorwürfe, die internationale Politik dagegen bestätigte, dass man schon lange wisse, in welchen Ecken Deutschlands man besser nicht investiere.

Damit stand der Begriff der No-go-Area im Raum. Bloß wusste keiner, was er denn bedeuten soll. Die ursprüngliche, militärische Interpretation hatte sich offensichtlich überholt. Betroffene Bürger verstanden darunter einen Angstraum – sprich, dort nicht mehr sorgenlos vor die Tür gehen zu können. Die Politik definierte die »No-go-Areas« zu Gebieten um, in denen der Staat – repräsentiert durch die Polizei – die Kontrolle endgültig verloren habe. Dies dürfe es nicht geben. Kaum verwunderlich sprechen seitdem beide Seiten aneinander vorbei.

Duisburg-Marxloh scheint das Kriterium einer No-go-Area weitestgehend zu erfüllen. Selbst Polizisten bestätigen, dass sie hier nur ungern reinfahren – innerhalb von wenigen Augenblicken sei der Streifenwagen von aggressiven Jugendlichen umzingelt, selbst wenn es nur um ein defektes Fahrradlicht ginge. Die Lage kann blitzschnell eskalieren. Vor Ort reagierte man, indem man eine Hundertschaft von Polizisten in Marxloh fix stationierte. Da soll einer sagen, der Staat habe die Kontrolle verloren!

... WO EINE HUNDERTSCHAFT DEN NACHBARSFRIEDEN SICHERN MUSS ...

Dabei fing alles so gut an: Mitte des vergangenen Jahrhunderts war Marxloh noch geprägt von seiner edlen Einkaufsmeile; die Industrie garantierte den Wohlstand im Ruhrgebiet. Doch was folgte, war ein gravierender Strukturwandel: Zuerst verlor der Kumpel seinen Job, im Anschluss auch sein Frisör und seine Prostituierte. Heute ist Perspektivlosigkeit die Regel, von den Jungen bis hin zu den Alten. Ein Viertel der Jugendlichen verlässt die Schule gänzlich ohne Abschluss, die Hälfte schafft mit Ach und Krach die Hauptschule. Ebenfalls rund die Hälfte aller Einwohner ist in der einen oder anderen Form von Sozialleistungen abhängig.

Dazu kommt seit vielen Jahren massive Zuwanderung: Zwei Drittel der Bewohner von

GUTACHTEN
KFZ
SERVICE
GUTACHTEN SERVICE
KFZ
P
Auf dem Hof
GUTACHTEN SERVICE
AUTOFIT
VILMA'S TREFF
König Pilsener
VILMA'S TREFF
Diebels

Könnte schlimmer sein. Aber auch wesentlich besser.

Marxloh haben heute einen Migrationshintergrund, deutlich mehr als 50 Prozent besitzen keinen deutschen Pass. Zur gleichen Zeit fand die Clan-Kriminalität Einzug in die Straßen des Viertels: Je nach Quelle sind es libanesische, serbische, rumänische, bulgarische oder türkische Großfamilien, die um die Vorherrschaft kämpfen. Der Einstieg in die Kleinkriminalität ist schnell geschafft und bietet den Jugendlichen wie Quereinsteigern die einzige realistische Chance auf eine steile (Berufs-)Karriere, etwa im freien Handel mit Betäubungsmitteln.

Um das Ganze noch abzurunden, entwickelte sich Marxloh auch zur präferierten Destination von Armutsmigranten, darunter die »mobilen ethnischen Minderheiten«, die im Amtsdeutsch auch gern als »Rotationseuropäer« umschrieben werden. Zu der generellen Misere in Marxloh gesellen sich daher nun auch mehr als einhundert heruntergewirtschaftete »Problemimmobilien«.

FAZIT: Von der halben Million Einwohner Duisburgs leben nur rund 20.000 im Problemviertel Marxloh – und dennoch schafft es der Stadtteil, nahezu die gesamte Aufmerksamkeit auf sich zu ziehen. Aber zu Recht? Tagsüber, beim Flanieren auf der als »Hochzeitsmeile« bekannten Weseler Straße, scheint die Panikmache reichlich übertrieben. Anders die Einschätzung, wenn man nach Einbruch der Dunkelheit in eine der Seitenstraßen abbiegt, wo man dem Kampf der Kulturen live beiwohnen kann. Wer hier nicht über die nötige Street-Credibility verfügt oder ein Drogengeschäft im großen Stil abwickelt, ist besser beraten, die Rolex nicht am Handgelenk zu tragen und seine Wertsachen daheim zu lassen.

BERGNOT

BROCKEN, HARZ, SACHSEN-ANHALT

SPANNUNG	GEFAHR	FAMILIENFREUNDLICHKEIT
2 von 5	3 von 5	5 von 5

Wenige Orte in Deutschland haben so schlechtes Wetter wie der Brocken. Was zieht die Leute also hier her? Eine mögliche Antwort liefert die Bergwacht: »Wenn man im Fernsehen zeigt, wie ein Hund auf dem Brockenplateau bei Orkan an der Leine umherfliegt und sich die Menschen schräg in den Wind legen, dann amüsiert das die Zuschauer. Beim nächsten Mal wollen sie das selbst mal ausprobieren.« Kurz: Den Brocken-Bezwinger treibt irgendwas zwischen Leichtsinn und Wahnsinn, inklusive Opferbereitschaft des geliebten Haustiers. Selbst bei dichtem Schneetreiben und geschlossener Schneedecke gibt es immer Wanderer, die sich am Brocken messen wollen. Kein Wunder, dass jedes Jahr Dutzende von Rettungseinsätzen nötig sind.

Dabei könnte alles so einfach sein: Eine gemütliche Schmalspurbahn führt auf den 1.141 Meter hohen Gipfel, der sich damit auch als Ausflugsziel für Familien bestens eignet. Mit seiner

▸ MIT KOHLE? DEN BERG HINAUF? ZUM SPAß?
Wenn das ein Grüner sieht …

bescheidenen Höhe von gut tausend Metern ist der Brocken alles andere als mächtig, wird aber genau deswegen fatal unterschätzt. Viele Wanderer versuchen sich am Aufstieg, nur um am eigenen Leib festzustellen, was schlechtes Wetter wirklich bedeutet. Ein paar Extrema: Das Klima am Brocken entspricht dem eines Berges in den Alpen, der fast doppelt so hoch ist. Mit einer Jahresmitteltemperatur von nur 3,5 Grad ist es meist eisig, insbesondere, wenn sich der Wind dazugesellt. Bis zu 26 Orkantage im Jahr werden hier gemessen beziehungsweise 341 Tage mit mehr als sechs Windstärken! Dazu kommen bis zu 330 Nebeltage und regelmäßige Niederschläge (dreimal so viel wie im Flachland). Kalt, windig, nass – das Wetter am Brocken ist schlicht so beschissen wie im nördlichen Skandinavien. Eine Einschätzung, die übrigens auch der Wald teilt, der sich trotz der bescheidenen Höhe des im Volksmund Blocksberg genannten Berges zu wachsen weigert.

Der Grund für das extreme Klima ist simpel: Der Brocken liegt äußerst exponiert. Er ist der höchste Gipfel Norddeutschlands und damit weit und breit das einzige größere Hindernis für Wind und Wetter. Ebenso wenig kann daher verwundern, dass sich die Mythen um den Brocken nur so ranken: Im Allgemeinen sind es Geschichten um »Geisterwesen«, welche sich hier seit Jahrhunderten versammeln sollen, vor allem zum sogenannten Hexensabbat zur Walpurgisnacht am 30. April.

FAZIT: An der Grenze zwischen Sachsen-Anhalt und Niedersachsen, inmitten des Nationalparks Harz, liegt der Brocken. Wer sich den kräftezehrenden Aufstieg sparen will, wählt die Fahrt mit der Brockenbahn von Drei Annen Hohne, die in einer knappen Stunde zum Gipfel führt. Das wahre Abenteuer jedoch lauert beim Auf- und Abstieg zu Fuß, idealerweise bei unsicherer Wetterlage. Dazu die hilfreiche Daumenregel: Sieht's von unten bescheiden aus, ist's oben sicher beschissen. Das mussten 2014 auch zwei Reisende in einem Kleinflugzeug feststellen: Bei miserabler Sicht flogen sie in niedriger Höhe über den Brocken, kollidierten mit einem Mast und stürzten ab.

Als Belohnung für diejenigen, die es auch bei schlechtem Wetter wagen, lockt die Chance auf eine Begegnung mit einem Brockengespenst. Dabei handelt es sich »nur« um einen optischen Effekt, der entsteht, wenn der eigene Schatten in den Nebel fällt und eine übergroße, wabernde Silhouette produziert, der manchmal noch von einem farbigen Lichtkranz umgeben ist. Völlig harmlos, aber ausreichend, um Generationen von Wanderern am Berg der Hexen einen Schrecken einzujagen.

PROTONENBESCHUSS

LARGE HADRON COLLIDER, GENF

SPANNUNG ●●●●● — **GEFAHR** ●○○○○ — **FAMILIENFREUNDLICHKEIT** ●●●●○

Jedes Jahr werden rund 75.000 Bücher für den deutschsprachigen Markt neu veröffentlicht, darunter auch Hunderte neuer Science-Fiction-Romane – und das, obwohl die Realität doch viel nervenaufreibender ist, als es sich die Autoren jemals ausmalen könnten. Kein Ort der Welt symbolisiert den wissenschaftlichen Fortschritt so deutlich wie der Large Hadron Collider, ein Teilchenbeschleuniger bei – oder besser gesagt einhundert Meter unter – Genf an der schweizerisch-französischen Grenze. Gebaut wurde dieser Tunnel bereits in den Achtzigerjahren; elf Jahre beherbergte er einen Teilchenbeschleuniger, der im neuen Jahrtausend durch den größeren, schöneren, besseren Large Hadron Collider ersetzt wurde.

Die größte Maschine der Welt liegt in einem kreisförmigen Tunnel von rund zwölf Meter Durchmesser und fast 27 Kilometer Länge. Sie ist das mehr als nur erstaunliche Produkt einer internationalen Kooperation, wie sie bislang nur selten erreicht wurde: Über 10.000 Wissenschaftler aus über 100 Nationen beteiligten sich an der Konzeption des riesigen Teilchenbeschleunigers, für dessen sicheren Betrieb regelmäßig immerhin eintausend Fachleute benötigt werden.

Den Experimenten, die hier durchgeführt werden, liegt stark vereinfacht folgendes Prinzip zugrunde: Elementarteilchen kollidieren bei extremen Geschwindigkeiten, sodass sie in ihre Einzelteile zerfallen, die dann untersucht werden können. Allerdings ist die praktische Umsetzung dann doch einen Hauch komplizierter. Auf mehreren Stufen werden Protonen auf fast 300.000 Kilometer pro Stunde beschleunigt, knapp unterhalb der Lichtgeschwindigkeit. Ein typisches Paket von 100 Milliarden Protonen ist einige Zentimeter lang und schießt pro Sekunde 11.000 Mal durch den gesamten Tunnel. In ähnlich extremen Sphären bewegt sich die monatliche Stromrechnung.

Wozu der Aufwand? Durch die Kollision der Teilchen lassen sich Rückschlüsse darauf ziehen, wie unser Universum auf subatomarer Ebene aufgebaut ist. Der Gedanke, dass alles, was wir sehen, kennen und fühlen, nur aus Kombinationen von gut neunzig natürlichen Elementen besteht, ist bereits schräg genug. Doch die Elektronen, Protonen und Neutronen aus der Schulzeit sind noch nicht das Ende der Fahnenstange. Die Physik kennt eine Reihe von subatomaren Teilchen, die ein eigenes Periodensystem füllen. Es ist die Welt von Quarks, Leptonen, Bosonen. Das berühmteste von ihnen, das auch als »*god particle*« bezeich-

▾ Bis der Fusionsreaktor ITER in Betrieb geht, bleibt das CERN die geilste Maschine der Welt.

Hier noch ein letzter Blick auf die Genfer Altstadt, bevor sie von einem Schwarzen Loch annihiliert wird.

nete Higgs-Boson, wurde 2012 experimentell nachgewiesen. Es galt als entscheidendes Puzzlestück zur Bestätigung der in der Teilchenphysik gängigen Theorien und ermöglicht der Wissenschaft einen Einblick, wie das Universum Sekundenbruchteile nach seiner Entstehung ausgesehen haben könnte, und bringt uns damit der Beantwortung des größten aller Rätsel näher, wie alles – also, alles – angefangen hat.

Daran schließt sich die alles entscheidende Frage an: Kann ich meinen Kopf hineinstecken? Ja. Ganz so leicht ist es zwar nicht, denn schließlich kann man in einen Teilchenbeschleuniger nicht einfach hineinlaufen. Während des laufenden Betriebs ist der Aufenthalt im Tunnel überhaupt nicht gestattet – zu groß ist die Strahlung, die bei den Experimenten zwangsläufig entsteht.

Dankenswerterweise liefern aber die Russen einen Präzedenzfall, der zeigt, wie es sich anfühlt, von einem hochenergetischen Protonenstrahl getroffen zu werden: Im Jahre 1978 war Anatoli Bugorski in einem Teilchenbeschleuniger mit dem klangvollen Namen »Synchrotron« dabei, Wartungsarbeiten durchzuführen, als ein Sicherheitsmechanismus ausfiel. Daraufhin wurde Bugorski von einem Protonenstrahl getroffen, von hinten in den Kopf. Er berichtete von einem Blitz, »heller als tausend Sonnen«, nicht jedoch von Schmerzen. Damit war er einer extremen Strahlendosis ausgesetzt, hundertfach über dem, was für Menschen als tödlich gilt – allerdings nur extrem kurz. Daraufhin schwoll sein Gesicht bis zur Unkenntlichkeit an und er wurde – in typisch russischer Manier – ohne großes Aufsehen in ein Krankenhaus verlagert, um dort sein baldiges Ableben überwachen bzw. verheimlichen zu können. Zum Erstaunen aller Beteiligten erholte sich Bugorski weitestgehend: Zwar blieb seine linke Gesichtshälfte gelähmt als auch faltenfrei und sein linkes Ohr lieferte nichts mehr außer Tinnitusrauschen, aber seine geistigen Fähigkeiten blieben vom Vorfall völlig unberührt. Er konnte sogar die Entdeckung des Higgs-Boson 34 Jahre später miterleben!

FAZIT: Für einige Jahre vor Inbetriebnahme des Large Hadron Collider wurde die Panik geschürt, bereits beim normalen Betrieb gäbe es ein Restrisiko, versehentlich Miniaturversionen von schwarzen Löchern zu erschaffen, die die Erde verschlucken und damit die Menschheit auslöschen könnten. Damit wäre eine Anreise nach Genf unnötig, es sei denn, man will den Weltuntergang entscheidende Nanosekunden früher erleben. Der Haken: Wie so oft war die Panik bloß Panikmache, und die Apokalypse musste auf unbestimmte Zeit verschoben werden. Wer Teilchen kollidieren sehen will, muss tatsächlich persönlich anreisen. Um es allerdings während des Betriebs in die Nähe des Beschleunigers zu schaffen oder gar ein Körperteil in diesen hineinzustecken, bedarf es schon einiger krimineller Energie.

Der Trip zum Large Hadron Collider ist denkbar einfach: Das CERN unterhält ein Besucherzentrum in Genf, 500 Meter von der französischen Grenze entfernt und ist (bei schönem Wetter) sogar zu Fuß vom Flughafen zu erreichen. Es liegt in der passend Esplanade des Particules, also Promenade der Teilchen, benannten Straße, Hausnummer 1.

Prinzipiell ist es möglich, an einer kostenlosen Führung teilzunehmen, doch die Nachfrage ist so groß, dass die online freigeschalteten Plätze meistens in Sekundenschnelle vergeben sind. Etwas Geduld und zeitliche Flexibilität sind also gefragt, auch wenn jedes Jahr über 130.000 Besucher durch die Anlage geführt werden – übrigens ganz ohne Strahlenschäden.

> **DIE ANTWORTEN AUF DIE ELEMENTARSTEN FRAGEN DER MENSCHHEIT DÜRFTEN IN GENF GEFUNDEN WERDEN: WO KOMMEN WIR HER, WO GEHEN WIR HIN, WARUM PASST DER USB-STICK ERST IM DRITTEN ANLAUF?**

HAUE VON RECHTS

THEMAR, THÜRINGEN

SPANNUNG GEFAHR FAMILIENFREUNDLICHKEIT

Bereits eine oberflächliche Rekapitulation des NSU-Skandals zeigt, dass es in Deutschland mit der effektiven Bekämpfung des Rechtsextremismus noch nicht so weit gediehen ist, wie man mehr als 80 Jahre nach Beginn des dann doch bloß zwölf Jahre dauernden Tausendjährigen Reiches erhoffen sollte.

Die Bilanz ist verheerend: 10 Tote, 43 Mordversuche – und zwei Jahrzehnte Terror seit dem ersten Anschlag bis zu einer stümper- wie lückenhaften Aufklärung. Zahlen, die nur durch die schiere Menge an Ermittlungspannen noch getoppt werden können. Es heißt landläufig, man solle keine Bösartigkeit unterstellen, wo Inkompetenz genüge, aber angesichts eines derart ver-

Trotz zahlreicher empörter Tweets überzeugter Antifaschisten kommt es immer wieder zu Aufmärschen von Neonazis.

Mal die ganze Nazi-Scheiße beiseite, wer hat denn die Uhr so dermaßen schief in den Kirchturm gesetzt?

heerenden Behördenversagens fällt es schwer, allein auf die Dummheit des Menschen und nicht auch seine Schlechtigkeit zu setzen.

Schwerpunkte der rechten Gewalt finden sich mitnichten ausschließlich, aber in auffälliger Konzentration in den neuen Bundesländern. Dort gehen seit einigen Jahren die berüchtigten Rechtsrock-Konzerte über die Bühne, die beispielsweise unter dem Titel »Rock gegen Überfremdung« firmieren. Von derartigen Veranstaltungen werden gerade kleine Ortschaften, die es unter normalen Umständen kaum auf die Landkarte schaffen, regelrecht überrannt.

Wer dem rechten Mob entschlossen entgegentreten möchte, macht sich am besten auf nach Thüringen, wo sich die Szene in Orten wie Themar – wo 2017 das bislang folgenschwerste Rechtsrock-Konzert stattfand – organisiert. Dort standen ein paar Hundert Einwohnern plötzlich ein paar Tausend Neonazis gegenüber, die sich nicht nur versammelt hatten, um kräftig abzurocken. Ansonsten wären nicht 1.000 Bereitschaftspolizisten und mehrere Hundertschaften nötig gewesen, um die Zahl der Straftaten unter Kontrolle zu halten.

Rechtsrock, das zeigt sich nicht nur in Themar, ist nicht Wacken, sondern das Gegenteil. Dafür spricht auch die Stirnrunzeln verursachende Qualität der musikalischen Darbietungen. In der Szene erfreut man sich an Bands mit Namen wie »Stahlgewitter« oder »Uwocaust«; geboten wird ein breites Spektrum von Trash Metal bis hin zu Hatecore. Allem gebotenen Ernst zum Trotz: Auch bei anderen Bands mutet die Diskografie unfreiwillig wie schlechte Satire an. Gigi & Die Braunen Stadtmusikanten schreiben vor allem Coversongs und spielen in ihrem Konzeptalbum »Adolf Hitler lebt!« unverhohlen auf die NSU-Morde an. Und Die Lünikoff Verschwörung erfreut das Publikum mit ihrem Hit »Neger auf'm Fahrrad« von der »Ebola im Jobcenter«-LP.

Die Aufnahmen, die es von solchen Konzerten in die Öffentlichkeit schaffen, entbehren dabei nicht einer gewissen Ironie. Nicht nur, weil das Publikum – ausgerechnet – gleichgeschaltet ist, sondern eine höhere Glatzenquote aufweist als die Bingo-Abendveranstaltung im nächstgelegenen Seniorenheim. Von hinten betrachtet sieht die Menge aus wie eine Masse synchron wippender Pimmel; ob es von vorn besser ist, sei mal dahingestellt, aber schon der flüchtige Blick lässt den Schluss zu, dass man sich dann doch relativ weit vom Idealbild entfernt hat, dass der Führer einst vom Arier hatte.

Wie kaum jemand überraschen dürfte, eskalieren derartige Veranstaltungen schnell, vor allem wenn es an klaren richterlichen Entscheidungen zum Versammlungsrecht und entschlossenem polizeilichen Auftreten fehlt. Die Neonazis fühlen sich in der Gruppe bestärkt; wenn die örtliche Versammlungsbehörde – wie 2017 – das Konzert auflösen will, ist die Eskalation vorprogrammiert.

UND SIE DACHTEN, DIE FESTE DER VOLKSMUSIK SEIEN SCHLIMM ...

FAZIT: Mit der Flüchtlingskrise erlebte auch die politisch motivierte Gewalt von rechts einen neuen Höhepunkt. Selbst wenn man alle Propagandadelikte ausklammert, bleiben die nackten Zahlen ernüchternd: Jeden Tag rund drei rechte Gewalttaten, darunter auch versuchte Tötungsdelikte.

Es erfordert kaum mehr als Gratismut, eine Online-Petition »gegen rechts« zu unterzeichnen, aber um einem Mob gewaltbereiter Rechtsradikaler mit besten Verbindungen zur Kampfsportszene persönlich entgegenzutreten, braucht es dann doch ein anderes Kaliber an Zivilcourage. Wer seinem Schutzengel den Schweiß auf die Stirn treiben will, sollte daher am besten nach Thüringen reisen. Bonuspunkte gibt es für das Tragen einer Kippa.

Und: Ohrenstöpsel nicht vergessen. Tinnitus ist ärgerlich genug, aber ihn von einer Band wie Tätervolk verursacht zu bekommen, die den neuen Rassenkrieg ankündigt, ist besonders schmerzlich.

ERTRINKEN

WATT VOR CUXHAVEN, NIEDERSACHSEN

SPANNUNG | **GEFAHR** | **FAMILIENFREUNDLICHKEIT**

Faszinierende Tier- und Pflanzenwelt, frische Luft, ungestörter Blick, ein bisschen Bewegung, die wieder Leben in die müden Muskeln bringt. Und Stress abbauen sowieso! Mit derartigen Schlagworten wirbt die heimische Touristenindustrie für den Urlaub an der Nordsee und, genauer gesagt, mit dem Wandern im Watt. Besonders beliebt sind die Tour zwischen Amrum und Föhr sowie die Wanderung zwischen Cuxhaven und der Insel Neuwerk.

Das Prinzip ist denkbar simpel: Zwischen zwei Fluten liegen gute zwölf Stunden, das Niedrigwasser dazwischen erlaubt es, auf dem freigelegten Meeresboden spazieren zu gehen. Das Einzige, was es zu beachten gilt, ist, dass man nicht unnötig trödelt und rechtzeitig am Ziel ankommt. Das kann schließlich nicht so schwierig sein – oder?

Weit gefehlt. Etwa jeden zweiten Tag muss die DLRG zu einem Rettungseinsatz aufbrechen, um naive Wanderer aus ihrer misslichen Lage zu befreien. Viele begehen den Kardinalfehler ohne Führer oder sogar völlig allein unterwegs zu sein – andere begreifen bis zum Moment ihrer Rettung aus den nahenden Fluten nicht einmal,

▾ Wenn das Watt wirklich so gefährlich wäre, wäre es verboten. Also, auf geht's!

Auf Wunsch ist es auch möglich, unschuldige Pferde mit ins nasse Grab zu zerren.

dass sie sich überhaupt in Gefahr befinden, und insistieren, ihr Abenteuer noch zu Fuß beenden zu wollen. Wenn es ein Problem gäbe, hätten sie schließlich angerufen. Derartige Zwischenfälle sind mittlerweile so häufig und absehbar, dass man schon stationäre Rettungsbaken installiert hat, auf die sich der im Watt Gestrandete flüchten kann.

Es gibt wohl kaum eine tückischere Landschaft als das Wattenmeer. Fällt es erst einmal trocken, sieht es denkbar harmlos aus, doch wartet es mit einer Handvoll unangenehmer Überraschungen auf. Da sind zum einen die starken Strömungen der Priele (der natürlichen Wasserläufe im Watt), die einem den Boden unter den Füßen wegziehen können; zudem gibt es Schlicklöcher, in denen man einsinken kann wie im Treibsand, was die Gehzeit erfahrungsgemäß in die Länge zieht – ein Faktor der vor Cuxhaven durch die zunehmende Verschlickung des Watts übrigens besonders schwer an den Beinen zu tragen kommt; und schließlich sind da die Miesmuschelfelder, die denjenigen, die ohne passendes Schuhwerk unterwegs sind, reichlich Schnittverletzungen zufügen können. Dass sich die bevorzugt zu gehenden Routen durch das Watt von Tag zu Tag ändern, verleiht dem Ganzen zusätzlichen Nervenkitzel.

Denn über all dem steht der Zeitdruck: Wer nicht rechtzeitig ankommt, den begrüßt die Flut. Und die beglückt allenfalls im Hochsommer mit angenehmen Temperaturen im zweistelligen Celsius-Bereich. Wenn im Frühjahr oder im Herbst

▾ Wer selbst nicht nass werden möchte, kann aus dem gemütlichen Strandkorb anderen beim Ertrinken zusehen.

plötzlich auftretender Seenebel oder ein Unwetter die Orientierung erschweren, kann die Stimmung beim Sonntagsausflug schnell kippen. Die Kinder fangen an zu quengeln, die Frau nörgelt im Hintergrund, sie wäre sowieso lieber nach Oberstdorf gefahren, die Füße werden langsam eiskalt – und so weiter.

FAZIT: Wichtig ist, dass man sich für eine Wattwanderung an den Nordseeinseln entscheidet. Der Tidenhub der Ostsee beträgt stellenweise nur 30 Zentimeter – das reicht in unglücklichen Fällen zwar auch zum Ertrinken, kann aber nicht gegen die Nordsee anstinken, wo zwei bis drei Meter Höhenunterschied die Regel sind. Die Regel wird übrigens außer Kraft gesetzt, wenn das Wetter umschlägt – dann können gut und gern noch einmal anderthalb Meter hinzukommen. Dass an der Küste das Wetter notorisch instabil ist, sollte sich in den letzten Jahrhunderten zwar herumgesprochen haben, soll aber einer ambitionierten Planung nicht im Wege stehen. Karten sind ohnehin etwas für Anfänger, man muss schließlich nur geradeaus laufen.

Egal, für welche Route Sie sich entscheiden, wichtig ist: Nehmen Sie ein Smartphone mit. Das rettet Sie im Zweifelsfalle auch nicht mehr, aber sollten Sie in einem Schlickloch feststecken und statt Ebbe im Portemonnaie die Flut im Höschen spüren, können Sie daraus eine sensationelle Instagram-Story stricken. Denkbare Hashtags inkludieren z.B. #WatteinUnglück, #ichSeedasEnde oder #WirsindMeer.

ABSTURZ AM FELS

BÜRGERALM KLETTERSTEIG, AFLENZ KURORT, STEIERMARK

SPANNUNG **GEFAHR** **FAMILIENFREUNDLICHKEIT**

Klettersteige laden jedermann dazu ein, sich am Berg zu versuchen. Allen voran diejenigen, die an ihm nichts verloren haben. Wer in seiner Freizeit an den Eisenwegen klettert, wird vermutlich schon dem stereotypen Asiaten begegnet sein, der sich am Aufstieg in Sandalen versucht und sich nicht einmal im Ansatz bewusst ist, in welche Gefahr er sich gerade begibt. Für zahlreiche Hobby-Sportler scheint das Wissen um ein Fixseil mehr als genügend zu sein – für sie ist es wie ein Treppengeländer, an dem man sich bei Bedarf festhält, nicht wie eine lebenswichtige Sicherung.

Dabei sind die Klettersteige keine neue Erfindung. Die erste »moderne« *Via Ferrata* wurde bereits 1843 eröffnet – am Dachstein, der bis heute das El Dorado für Klettersteiggeher ist, inmitten des Landes, welches diesen Klettersport wie kein zweites beheimatet.

Mittlerweile werden jedes Jahr rund zehn neue Klettersteige in Betrieb genommen. Manche zielen auf das Genussklettern ab, andere wol-

▾ Was gibt es Besseres als ein Wetterumschwung mitten im Klettersteig?

len die Limits des Machbaren ausloten. Folglich entspinnt sich auch regelmäßig eine Diskussion darüber, welcher Klettersteig nun der anspruchsvollste sei – und ob derartige Eisenwege überhaupt gebaut werden sollen oder ob sie doch nur leichtsinniges Verhalten begünstigen.

Zwar nicht am Dachstein, doch ebenfalls in der Steiermark liegt ein heißer Kandidat für den »extremsten« Klettersteig der Alpen: Der Bürgeralmsteig nahe Aflenz Kurort ist zwar weder besonders lang noch besonders hoch (hauptsächlich bewegt man sich seitlich), gilt jedoch als mächtige Herausforderung selbst für erprobte Kraxler. Auf der Schwierigkeitsskala des Sports, die eigentlich von A bis E läuft, belegt der Steig auf der Bürgeralm in einer seiner Varianten den Grad F/G.

Schlüsselstelle ist dabei ein zehn bis fünfzehn Meter langer Abschnitt, an dem im stark überhängenden Fels (50 Grad) geklettert werden muss. Eine zusätzliche Sicherung zum normalen Klettersteigset gilt hier als Pflicht – heißt: Es bieten sich zahlreiche Möglichkeiten zu Hals- und Beinbruch.

Die meisten Unfälle an Klettersteigen sind jedoch gar keine Unfälle. In der Hälfte der Fälle muss »nur« jemand geborgen werden, der unverletzt im Steig festhängt und nicht vor und zurück weiß. Dies kann auf Erschöpfung zurückzuführen sein oder die gute alte Panik – Bewegungsabläufe, die in drei Meter Höhe trivial sind, werden ohne Boden unter den Füßen plötzlich unmöglich. Dazu kommen die Kletterer, die sich tatsächlich verletzen, etwa weil sie abrutschen und vom Klettersteigset rabiat abgefangen werden, sowie die Pechvögel, die vom Steinschlag erfasst werden.

Gemessen an der Popularität des Sports und dem durchschnittlichen menschlichen Leichtsinn sind ernste Unfälle jedoch selten – und fast im-

▾ Auf dem Weg zu einer der schwierigsten Schlüsselstellen, die der alpine Klettersport bietet

mer vermeidbar. Wer sein Kletterset nutzt, hat wenig zu befürchten: Die meisten Todesfälle passieren, weil Kletterer sich nicht ans Seil einklinken und an stellenweise äußerst simplen Passagen abrutschen. Das beste Klettersteigset taugt wenig, wenn es nicht genutzt wird. Den Rest erwischt es wegen Überanstrengung – sich selbst einen senkrechten Felsen hochzuarbeiten ist schweres Tagwerk, insbesondere wenn die Sonne brennt.

FAZIT: Wer testen möchte, ob das Klettern am Steig für ihn gemacht ist, findet im gesamten Alpenraum talnahe Kletterparks, in denen man Schnupperkurse absolvieren kann. Für den richtigen Kick muss man jedoch hinauf in die Berge, idealerweise bei drohendem Gewitter. Als wäre ein Wettersturz nicht ohnehin schon schlimm genug im hohen Gebirge, fungiert ein langes Drahtseil als hervorragender Blitzableiter. Und Reibungsklettern am nassen Fels bereitet ebenfalls richtig Freude!

Wen der Bürgeralm-Klettersteig reizt, kann ab Aflenz Kurort per Seilbahn auf die Bürgeralm schweben; von dort ist es nur ein Katzensprung bis zum Einstieg. Unter Profis gilt der Steig über weite Strecken als relativ uninteressant; spannend wird es an der Stelle, an der die extreme »Arena-Variante« abzweigt, gekennzeichnet mit einer Tafel und dem Hinweis »lebensgefährlich«.

SCHICKSALSSCHLAG

ÜBERALL IN

SPANNUNG	GEFAHR	FAMILIENFREUNDLICHKEIT

Wie in allen entwickelten Nationen gilt auch für Deutschland, Österreich und die Schweiz: Die meisten Menschen erreichen in diesen Ländern ein stattliches Alter und sterben zumeist an Herz-Kreislauf-Erkrankungen, Krebs oder Infektionen, die im hohen Alter besonders gefährlich sind. Ein Blick in die Statistiken zu den häufigsten Todesarten zeigt aber auch klar, dass es nichts gibt, was es nicht gibt: Weit über 4.000 verschiedene Todesursachen werden in überraschender Detailtiefe differenziert.

Einsamer Spitzenreiter sind die »atherosklerotischen Herzkrankheiten«. Bemerkenswert viele Einträge finden sich auch in den Überraschungskategorien »Tod ohne Anwesenheit anderer Personen« sowie »sonstige, ungenau oder nicht näher beschriebene Todesursachen«.

Am anderen Ende der Skala finden sich exotische Ursachen, etwa mehrere Fälle der Malaria tropica, der Ahornsirup-Krankheit, des Albinismus, der Laktose-Intoleranz oder »sonstigen Infektionen durch Herpesviren«. Auch an einer akuten Sinusitis – sprich Nebenhöhlenentzündung – sind schon Menschen gestorben; ebenso an »nicht näher bezeichneten Krankheiten der Haarfollikel«, an der »Fraktur eines Armes« oder der »Prellung des Augenlides«. Besonders unangenehm dürfte es für die armen Seelen gewesen sein, die an »Übelkeit

So sieht er aus, einer der lautlosen Killer. Besonders bedrohlich in den Händen überzeugter wie unfähiger Heimwerker.

und Erbrechen« (exkludiert übrigens »Aspiration von Mageninhalt«) oder schlicht »Kopfschmerz« verendet sind. Mancher wird derartige Symptome nur zu gut kennen und medikamentös behandeln. Doch auch hier warten mögliche Vergiftungen, etwa mit Antidiarrhoika, oder – falls man es nicht rechtzeitig zum Klo geschafft hat – durch die »toxische Wirkung von Seifen und Detergenzien« oder die »Verbrühung durch heißes Leitungswasser« beim anschließenden Putzen. Selbst banal klingende Verletzungen können extreme Konsequenzen haben: Auch mit einer »Verletzung der Achillessehne« oder der »Fraktur einer sonstigen Zehe« kann man es über den Jordan schaffen. Nach überstandener Operation kann übrigens noch keine Entwarnung gegeben werden, sonst würden in der Statistik nicht mehr als ein Dutzend Einträge bei der Kategorie »Aufreißen einer Operationswunde« gelistet.

Hin und wieder wird jemand von der guten, alten Krätze hinweggerafft, vom Blitz getroffen oder von einer Frostbeule ins Grab gebracht. Beachtlich ist die schiere Anzahl möglicher Krebserkrankungen: von der »bösartigen Neubildung der Vagina« bis zur »gutartigen Neubildung des Rektums«, deren Berücksichtigung in der Statistik verdeutlicht, dass sie so gutartig nicht gewesen sein kann. Wo wir schon beim Thema sind: Der typische Sex-Unfall mit dem 35-Zentimeter-Dildo aus Beton lässt sich diskret als »Folge der Auswirkungen von Fremdkörpern in natürlichen Körperöffnungen« verklausulieren.

Selbst die »einfache Aktivitäts- und Aufmerksamkeitsstörung« hat ihre Opfer schon gefordert – genau wie ihr vermeintliches Gegenstück, die »Ein- und Durchschlafstörungen«. Nur Stillsitzen bringt aber auch nichts – sowohl die Hämorrhoiden 3. Grades als auch die Hämorrhoiden 4. Grades sind wesentlich häufiger letal. Sport ist allerdings auch Mord, wie der Eintrag zu »Stoß gegen oder Zusammenprall mit eine(r) andere(n) Person: Sportstätten« verdeutlicht.

Erstaunlich ebenfalls, was am Arbeitsplatz allein an Atemwegserkrankungen droht: Drescherlunge, Erntearbeiterlunge, Vogelzüchterlunge, Klimaanlage-Lunge und Ahornrindenschäler-Lunge sind schwere Krankheiten, die man sich durch das Einatmen organischen Staubs in spezialisierten Berufen einfangen kann. So manches ist aber schlicht angeboren: Eine Handvoll Menschen erwischt es jedes Jahr, weil sie an Situs inversus leidet – ihre inneren Organe liegen spiegelverkehrt.

Und das sind nur die natürlichen Ursachen. Dass massenhaft Leute nicht nur im, sondern auch am Straßenverkehr sterben, ist kein Geheimnis. Wohl aber, dass es auch Fußgänger gibt, die sich außerhalb des Verkehrs tödlich »an einem Fahrrad verletzen«, dass »Nutzer eines tierbespannten Fahrzeugs beim Zusammenstoß mit einem feststehenden Gegenstand« das Zeitliche segnen oder Mitfahrer als »Person auf der Außenseite eines landwirtschaftlichen Spezialfahrzeuges« verunglücken. Auch eine »Verletzung beim Tauchen oder Sprung ins Wasser ohne Ertrinken oder Untergehen« ist möglich, zum Beispiel in Form eines krassen Bauchklatschers. Wer sich daheim sicher fühlt, hat sich jedoch geschnitten: Denn neben den notorischen Leiterunfällen schafft es auch der »Unfall durch scharfes Glas« auf die Liste. Und allen Heimwerkern sei gesagt, dass selbst ein Schraubenzieher falsch benutzt werden kann, siehe den Eintrag »Unfall durch Handwerkzeuge ohne Kraftantrieb: Zu Hause«.

FAZIT: Man kann sich selbst schnell um die Ecke bringen – und wenn es die Ecke ins eigene Wohnzimmer ist.

GITFMÜLL

SILBERSEE I, BITTERFELD-WOLFEN, SACHSEN-ANHALT

SPANNUNG	GEFAHR	FAMILIENFREUNDLICHKEIT
2 von 5	4 von 5	3 von 5

Wer mit seiner Familie zum Silbersee reisen möchte, stellt besser dreimal sicher, dass er den richtigen Silbersee ins Navi eingegeben hat – das entscheidet darüber, ob die Fahrt der Auftakt zu einem gelungenen Camping-Urlaub wird oder bloß mit einem Ausflug zu den gefährlichsten und deprimierendsten Giftmülldeponien endet, die Deutschland zu bieten hat.

Bitterfeld generell, der Silbersee im Besonderen sind zu Symbolen für die extreme Umweltverschmutzung geworden, die die DDR-Planwirtschaft über Jahrzehnte hinweg rücksichtslos in Kauf genommen hat. Beim Silbersee handelt es sich um eine ehemalige Grube, aus der jahrelang Braunkohle und Ton gewonnen werden konnten. Für die damalige »Filmfabrik Wolfen« erwies sich die Grube nach Abschluss dieser Förderung jedoch als eine überaus nützliche Müllkippe, in die sie unkommentiert ihr Abwasser einleiten konnte. Wie aus der Sowjetunion bekannt, wurde die Bevölkerung auch der DDR stets im Unklaren gelassen, wenn nicht gar aktiv belogen,

▲ Na, als besorgter Bürger sind Sie doch nicht unbefugt, oder?

Deponiegelände!
Unbefugten ist der
Zutritt verboten!
Eltern haften für ihre Kinder!

was die Gefahren durch Industrie und Altlasten der Produktion anging. Rückfragen unerwünscht. Nicht zufällig ist die russische Partnerstadt Bitterfelds, Dserschinsk, als »vergiftetster Ort der Welt« bekannt, ein idyllischer Flecken Erde, wo die mittlere Lebenserwartung gleich um mehrere Jahrzehnte unter dem Landesdurchschnitt liegt, irgendwo auf dem Niveau der Altsteinzeit.

Neben einem Cocktail aus Schwermetallen finden sich auch im anhaltinischen Abwasser Kunstfasern, die bei der Gärung im Wasser Schwefelwasserstoff freisetzen – das hochgiftige Gas, das von verfaulten Eiern bekannt sein dürfte. Folglich konnte man Bitterfeld jahrzehntelang riechen, bevor man es sehen konnte. Für die Anwohner andererseits ging eine sehr reale Gefahr von der Verklappung aus, denn das Gas kann schwere Atemwegsreizungen und gar Vergiftungen hervorrufen, betäubt aber zugleich die Geruchsnerven, sodass eine steigende Konzentration in der Luft überhaupt nicht mehr wahrgenommen werden kann. Auch aus diesem Grund ist der Silbersee bis heute von einem stabilen Zaun umgeben.

GANZ BITTERFELD IST VOM GIFTSCHLAMM ZERSETZT.

GANZ BITTERFELD?

JA.

200 Millionen Kubikmeter Wasserschlamm sind verseucht, der See – oder besser gesagt der Matsch – reicht bis zu zwölf Meter in die Tiefe. Ziel ist es, die Reste dieser Deponie bis 2040 mit Schlacke aus verbranntem Hausmüll zuzuschütten, um die Fläche wieder nutzbar zu machen. Das mag vielleicht nach einem unausgegorenen Plan klingen, aber es ist zumindest ein Plan. Wie man mit den zahlreichen anderen Sondermülldeponien umgehen soll, die rund um Bitterfeld liegen und so harmlos anmutende Namen tragen wie Hermine, Freiheit III oder Antonie, ist nämlich weiterhin unklar. An verschiedenen Stellen wurden hier bis zu 5.000 verschiedene Substanzen einfach in die Natur hineingekippt, von denen jedoch nur zwei Dutzend tatsächlich näher betrachtet wurden. Das Grundwasser ist über mehrere Quadratkilometer derart vergiftet, dass es in keiner Weise genutzt werden darf; einige Häuser müssen mit unterirdischen Wällen vor der Kontamination geschützt werden.

Besondere Erwähnung verdient in diesem Zusammenhang die Grube Antonie, in die man damals als Teil eines höchst interessanten Cocktails 70.000 Tonnen Schwefelsäure schüttete, ganz locker aus den Kesselwagen eines Zuges direkt den Hang hinunter. Ein stattlicher Haufen von insgesamt drei Millionen Tonnen hochgiftiger Chemikalien türmt sich hier auf – zu viel, um ihn mit den bewährten Methoden zu entsorgen. Zudem ist die Verseuchung der umliegenden Böden so weit fortgeschritten, dass man im Grunde ganz Bitterfeld bis zu einer Tiefe von 40 Metern abtragen müsste. Zu teuer, heißt es, aber dann wiederum klingt das nach einem potenziellen Crowdfunding-Projekt, für das sich flugs genügend Anhänger finden sollten – Stichwort: Schatz im Silbersee. Und falls sich das Versprechen auf blühende Landschaften nicht einlösen lässt? Dann bleibt der Müll halt im Boden und verseucht die Natur auch noch im 22. Jahrhundert.

FAZIT: Ernüchterndes Ziel für alle, aber insbesondere für diejenigen, die der Ansicht sind, früher sei alles besser gewesen und in der DDR auch nicht alles schlecht. Von seinen Deponien abgesehen bietet Bitterfeld jedoch recht wenig für den Reisenden von Welt; selbst die Reiseführer, die jede hübsch begrünte Bordsteinkante als 5-Sterne-Sehenswürdigkeit anpreisen, schweigen sich über den Ort der größten organisierten Umweltkatastrophe der DDR komplett aus. Für alle, die dem sachsen-anhaltinischen Bitterfeld dennoch eine Chance geben wollen, empfiehlt sich die Anreise über Halle (Saale) oder Leipzig – von dort aus immer der Nase nach.

RADIOAKTIVE STRAHLUNG

SILBERSEE II, BRÜCHAU I. D. ALTMARK, SACHSEN-ANHALT

SPANNUNG **GEFAHR** **FAMILIENFREUNDLICHKEIT**

Wer mit seiner Familie zum Silbersee reisen möchte, stellt besser dreimal sicher, dass er den richtigen Silbersee ins Navi eingegeben hat …

Wenn Ihnen dieser Hinweis bekannt vorkommt, dann liegen Sie völlig richtig – und doch entscheidet sich an dieser Frage, ob ihre Fahrt an einer der gefährlichsten und deprimierendsten Giftmülldeponien endet, die Deutschland zu bieten hat (siehe Silbersee I), oder ob Ihnen ein strahlendes Wochenende an einer anderen, gefährlichen und deprimierenden Deponie bevorsteht. Hauptunterschied hier: In der Altmark besteht die Chance auf eine Extradosis Radioaktivität.

Natürlich gibt es Orte in Deutschland, die radioaktiv stark belastet sind. Nur stellt es sich in der Praxis als schwierig heraus, ins Endlager von Gorleben einzudringen. Da es in einer geologisch geradezu lächerlich inaktiven Schicht positioniert wurde, stehen auch die Chancen schlecht, dass radioaktiver Müll ins Grund- oder gar Trinkwasser sickert. Anders ist die Lage im Norden Sachsen-Anhalts unweit von Wolfsburg, wo anderthalb Kilometer südlich des kleinen Dörfchens Brüchau eine bemerkenswerte Sondermülldeponie ihr friedliches Dasein fristet: die Bohrschlammgrube Brüchau, im Volksmund ebenfalls Silbersee genannt.

Warum genau dort? Die Altmark liegt über einem der wenigen Erdgasfelder Zentraleuropas. Aus 120 Gasbohrlöchern wurde hier einst Erdgas gefördert. Und der angefallene Bohrschlamm – bekanntermaßen radioaktiv – wurde bei Brüchau gelagert, der Einfachheit halber zusammen mit allerlei buntem Sondermüll aus vier Jahrzehnten. Heute ist die Deponie Heimat für 150.000 Kubikmeter Schlamm, der aus fast 30.000 verschiedenen Feststoffen besteht. Hier finden sich 250 Tonnen Quecksilber, 9.000 Tonnen unterschiedlichster Säuren, 70 Tonnen Pestizide sowie immerhin mehr als eine Tonne an Arsenverbindungen, abgerundet durch eine Handvoll radioaktiver Isotope. Und das ist nur das Zeug, das es in die Deponie geschafft hat: Die Einheimischen berichten, dass es die Transporter früher mit der Arbeitssicherheit nicht so genau genommen haben und bereits die Zufahrtsstraßen großzügig mit Quecksilber bestäubt haben, mit dem die Kinder anschließend spielen konnten.

Dass es sich beim Silbersee trotz des Idylle versprechenden Namens nicht um einen harmlosen Badesee handelt, bestätigen die hohen Zäune, die das Gewässer umschließen. Das gesamte Gelände ist zudem videoüberwacht und wird nachts hell beleuchtet. Der Zugangsbereich wird streng kontrolliert und erinnert an einen Checkpoint im Kriegsgebiet – ein absurd-dystopisches Szenario, das im ländlichen Sachsen-Anhalt denkbar fehlplatziert wirkt.

FAZIT: Mit den öffentlichen Verkehrsmitteln wird es schwierig, eine von Deutschlands fragwürdigsten Deponien zu besuchen. Wer jedoch einen fahrbaren Untersatz zur Verfügung hat, kann der Altmark problemlos einen Besuch abstatten und sich ein eigenes Bild davon machen, ob die Radium-Werte im Trinkwasser wirklich gefährlich erhöht sind (Geiger-Zähler nicht vergessen!). Ausgeschlossen ist dies nicht, da es diversen Gutachten des sachsen-anhaltinischen Wirtschaftsministeriums zufolge mittlerweile als erwiesen gilt, dass die Deponie nicht »dicht« ist und die

Giftstoffe langsam, aber sicher versickern. Ein baldiger Besuch ist schon deshalb angeraten, weil mit Vorliegen des Abschlussberichts zur andauernden Wirksamkeit flüchtiger toxischer Substanzen am Silbersee neben der Schließung der Grube durch Folienabdeckung auch eine vollständige Auskofferung diskutiert wird.

AUSRUTSCHER

MATTERHORN, ZERMATT, WALLIS

SPANNUNG	GEFAHR	FAMILIENFREUNDLICHKEIT
5/5	5/5	2/5

In einer Auflistung der gefährlichsten Orte darf das Matterhorn nicht fehlen: Der Berg der Berge an der Grenze zwischen Italien und der Schweiz ist nicht nur der bekannteste, meistfotografierte und womöglich schönste Gipfel der Welt, sondern auch der gefährlichste. An keinem anderen Berg ließen mehr Menschen ihr Leben.

Mit 4.478 Metern zählt das Matterhorn zu den höchsten Punkten der Schweiz und damit auch Europas. Es ist eine der großen Sehenswürdigkeiten des Landes und folglich ein krisensicherer Touristenmagnet, der dem einst verschlafenen Bergdorf Zermatt zu Weltruhm verholfen hat und Übernachtungspreisen, die den Durchschnittsverdiener mit den Ohren schlackern lassen.

Obwohl es in der Schweiz wahrlich nicht an attraktiven oder anspruchsvollen Klettertouren mangelt, übt das Matterhorn eine geradezu magische Anziehungskraft aus. Jedes Jahr versuchen sich Tausende am Aufstieg, an schönen Sommertagen können es weit über 100 Bergsteiger sein, die im Gänsemarsch die Standardroute hinaufkraxeln. Im Schnitt wird es einer von rund 200 nicht überleben. Ein Tag ohne Rettungseinsatz ist die willkommene Ausnahme von der Regel.

Die Hauptursache für die Unfälle am Berg ist – auch hier – die Selbstüberschätzung. Selbst wenig erfahrene Bergsteiger versuchen sich an den Aufstiegen über die vier Grate des Matterhorns, die technisch als gar nicht mal übermäßig anspruchsvoll gelten; nur wenige trauen sich in die Steilwände. Für die meisten von ihnen ist der Gipfel das einzige Ziel – mit der verhängnisvollen Konsequenz, dass Erschöpfung und Unachtsamkeit insbesondere beim Abstieg ihren Tribut fordern.

So geschah es bereits bei der Erstbesteigung 1865: Nach Jahren gescheiterter Versuche gelang dem Engländer Edward Whymper mit seiner Seilschaft in einem Kopf-an-Kopf-Rennen gegen ein konkurrierendes Team der erste Aufstieg auf den Gipfel. Mit der Bezwingung des Matterhorns ging die Ära der Erstbesteigungen zu Ende – es war der letzte schwere Berg der Alpen, der einer Besteigung widerstanden hatte. Beim Abstieg der Gipfelpioniere rutschte ein relativ unerfahrenes Mitglied der Seilschaft aus und zog drei weitere Bergsteiger mit sich, die die Nordwand hinabstürzten. Der Rest von Whympers Gruppe konnte sich retten, da das Seil der Belastung nicht gewachsen war und schlicht riss. Einer der vier Abgestürzten wurde übrigens bis heute nicht gefunden, wie zwei bis drei Dutzend andere Bergsteiger, die ein vergleichbares Schicksal ereilte. Wer nach wenigen Tagen nicht geborgen wird, bleibt verschollen, bis er tausend Jahre später als Neo-Ötzi im Museum landet.

Seit der Erstbesteigung sind mindestens 550 Menschen am Matterhorn verunglückt, kein Jahr vergeht ohne tödlichen Zwischenfall. Die Dunkelziffer liegt freilich höher, da gerade in den Anfangsjahren des Alpinismus keine sauberen Statistiken geführt wurden. Und in diesen Zahlen sind diejenigen, die mal mehr, mal weniger lebendig gerettet werden können, überhaupt nicht berücksichtigt. Wenn aus der Conga-Reihe von hundert Bergsteigern auch nur einer abstürzt, fällt es den restlichen 99 schwer, einfach weiterzumachen, als sei es immer noch ein sonniger Nachmittag wie jeder andere. Wie formulierte es der Bestatter der Gemeinde Zermatt so prägnant: Bergtote seien oft dermaßen übel zugerichtet, das könne man sich nicht vorstellen, wenn man das noch nie gesehen hat. Logisch also, dass manch einer angesichts einer solchen Sauerei in eine Schockstarre verfällt und von der Bergrettung ausgeflogen werden muss.

FAZIT: Zermatt ist autofrei – wer zum Matterhorn anreisen will, parkt den Wagen vorher in

▾ Aus dieser Perspektive wird klar, woher die Schweizer Schokolade in Pyramidenform ihre Inspiration hat.

Das Matterhorn wurde zwischen 1786 und 1821 erbaut, um den Tourismus in der damals strukturschwachen Region anzukurbeln.

Täsch oder reist gleich die gesamte Strecke mit dem Zug an. Die Fahrt lohnt sich: Hier sieht die Welt (noch) aus wie die Miniaturlandschaft einer Modelleisenbahn. Mit der Seilbahn gelangt man ab Zermatt (Dorfmitte) komfortabel bis zum Schwarzsee, von dort führt eine alpine Wanderung bis zur Hörnlihütte auf 3.260 Meter, dem Ausgangspunkt für Besteigungen auf der »einfachsten« Normalroute.

Endgültig begraben sind zwar die Träume, den Gipfel mit Bergbahnen für die Massen zu erschließen, doch am Ansturm auf das Matterhorn ändert das nichts. Nach besonders hohen Unfallquoten in den Siebziger- und Achtzigerjahren ist es heute die hohe absolute Zahl an Bergsteigern, die das Matterhorn so gefährlich machen. Immer mehr von ihnen nehmen die Dienste erfahrener Bergführer in Anspruch – dass Ortskundige das Matterhorn mehrere Hundert Mal bestiegen haben, ist daher keine Seltenheit mehr. Wer dagegen volles Risiko sucht, klettert allein, wählt dafür eine der Steilwände – und versucht, die jeweilige Rekordmarke zu unterbieten, indem er weniger als zwei Stunden für den Aufstieg braucht. Oder er macht es wie Extrembergsteiger Hans Kammerlander, der innerhalb von 24 Stunden gleich viermal auf dem Gipfel stand – jeweils einmal über jeden der vier Grate hinauf und wieder hinab.

In jedem Falle: Organspenderausweis nicht vergessen – vielleicht ist nach Absturz am Berg ja doch noch was zu gebrauchen.

HAUE VON LINKS

ROTE FLORA, SCHANZENVIERTEL, HAMBURG

SPANNUNG | GEFAHR | FAMILIENFREUNDLICHKEIT

Im Jahr 1988 scheiterten die Pläne, das historische Gebäude »Flora« in Hamburg von einem Kino in ein Musical-Theater umzubauen. Zu groß war der Protest der Anwohner, die steigende Mieten in ihrem Viertel fürchteten. Daraufhin bot die Stadt lokalen Initiativen – im Nachhinein sehr naiv – an, das verlassene Gebäude temporär zu nutzen, um die »Vorstellung einer alternativen Nutzung als Stadtteilzentrum öffentlich zu präsentieren«. Der Rest ist Geschichte. Seit 1989 ist die die Rote Flora besetzt und als Fixpunkt der linksextremen Szene in Deutschland etabliert. Und die Stadt Hamburg bis auf die Knochen blamiert.

Das mag eher kurios als gefährlich erscheinen, doch ein Detail, das bei den Statistiken der politisch motivierten Gewalt gern übersehen wird, ist Folgendes: Die höchsten Fallzahlen für Gewaltdelikte finden sich auf Seiten der Linken. Diese sind zwar eher für beeindruckende Fälle von Landfriedensbruch und Sachbeschädigung bekannt, doch schrecken sie auch nicht vor besagten Gewaltdelikten zurück – allen voran Körperverletzung und Brandstiftung. In Anlehnung an die gute, alte RAF sind in Deutschland mittlerweile wieder »Revolutionäre Aktionszellen« aktiv, die unter anderem für Sprengstoff- und

▲ Muttersöhnchen aller Welt, vereinigt euch!

Brandanschläge in Berlin und diverse Morddrohungen verantwortlich zeichnen.

Dass es sich bei den Besetzern der Roten Flora nebst Sympathisanten nicht um harmlose und friedliebende Zeitgenossen handelt, haben die Eskalationen rund um den G20-Gipfel eindrücklich vor Augen geführt. Der damalige Regierende Oberbürgermeister der Stadt Hamburg, Olaf Scholz, hatte den Besuch der internationalen Politik mit dem alljährlichen Hafengeburtstag verglichen, um die Gefahr einer Eskalation herunterzuspielen. Er wurde eines Besseren belehrt, wenn auch ohne Konsequenzen. Beim Vergleich der Kriminalität von rechts und links sowie der öffentlichen Reaktionen darauf lässt sich kaum leugnen, dass gerade das linksextreme Spektrum ausgeprägtes Wohlwollen in Medien, Politik und Bevölkerung genießt. Und wenn dann Deutschlands zweitgrößte Stadt brennt, kanzelt man dies als »aufgebauschtes Problem« ab.

An dieser Stelle sei der Anwalt der Roten Flora zitiert, der nach den Ausschreitungen erklärte, er habe »als Sprecher der Autonomen gewisse Sympathien für solche Aktionen, aber bitte doch nicht im eigenen Viertel, wo wir wohnen. Also warum nicht irgendwie in Pöseldorf oder Blankenese.«

Überlegungen, die Rote Flora zu räumen, gibt es seit der Besetzung. Politiker, die diese Forderungen stützten, erhielten kurz darauf Morddrohungen. Ebenso erging es einem Unternehmer, der eine – bei der Linken sonst so beliebte – Online-Petition startete mit dem Ziel, die Rote Flora zu einer Grundschule oder einem Kindergarten umbauen zu lassen. Wer solch radikale Forderungen stellt, muss natürlich mit dem Tode bedroht werden. Wo kämen wir denn sonst hin?

FAZIT: Bei den Rechtsrock-Konzerten trifft man auf Schränke mit grimmigem Gesichtsausdruck. Anders bei Ausschreitungen von links, wo sich die meisten Täter vermummen. Aus gutem Grund, denn daheim wartet Ärger. Wie eine Studie des

Verfassungsschutzes zu Durchschnittstätern aus der linken Szene in Berlin zeigt, die sich zur alljährlichen Freiluftübung am 1. Mai verabredet, wohnen 92 Prozent aller Linksextremen noch bei Mutti. Wenn die mitbekommt, dass der Nachwuchs heimlich Autos anzündet, gibt es Hausarrest und Kürzungen beim Taschengeld – Faschismus in Reinform. Weitere Details aus der Täterstatistik: Ein Drittel ist arbeitslos, neun von zehn männlich und ledig. Sprich: ein frustrierter und chronisch untervögelter Haufen, der aufgestautes Testosteron beim Steinewerfen abbauen muss.

Wer die Dialogbereitschaft der linksextremen Szene ausloten möchte, ist mit einem Spontan-

besuch bei den Autonomen der Roten Flora bestens beraten. Mit dem Dreschen einschlägiger Phrasen (»Das in [Land Ihrer Wahl einfügen] war nicht der richtige Sozialismus!«) wird man Ihnen alsbald Einlass gewähren, sodass Sie den Anwesenden in einem notgedrungen zügigen Monolog die Vorzüge des Kapitalismus darlegen können. Bonuspunkte gibt es für das Tragen einer Kippa (siehe Haue von rechts), denn auch die fundierte »Israelkritik« liegt dem Milieu sehr am Herzen.

▾ Steinewerfen, Autos anzünden – bei so viel beeindruckender Zivilcourage wird sich der Führer so schnell nicht zurücktrauen!

GESCHWINDIGKEITSRAUSCH

NÜRBURGRING, EIFEL, RHEINLAND-PFALZ

SPANNUNG	GEFAHR	FAMILIENFREUNDLICHKEIT
3/5	2/5	1/5

Bereits um 1900 erfreute sich der Motorsport wachsender internationaler Beliebtheit; eine Beliebtheit, von der auch eine strukturschwache Region wie die Eifel profitieren sollte. Eine »Notstandsmaßnahme im Rahmen der produktiven Erwerbslosenfürsorge« – so liest sich die zentrale Rechtfertigung für den Bau des Nürburgrings im schönsten Beamtendeutsch. Erste Konzepte wurden schon von Kaiser Wilhelm beauftragt; ins Rollen kamen diese jedoch erst einen Weltkrieg

und ein turbulentes Jahrzehnt später. 1927, nach zweijähriger Bauzeit und einer stolzen Investitionssumme von über acht Millionen Reichsmark, konnten die ersten Fahrzeuge auf dem Nürburgring ihre Runden drehen. Und bereits 1928 kam der erste Rennfahrer ums Leben.

Dabei waren die Intentionen so nobel: Der Rennsport sollte sicherer werden, indem man ihn von der Landstraße herunterholte. Der Nürburgring sollte zudem nicht nur als Rennstrecke genutzt werden, sondern auch als Testgelände, indem er auf der anfänglich 28 Kilometer langen Strecke – einmal rund um die namensgebende Nürburg – möglichst vielfältig europäische Landschaften simulierte. Dies schloss über siebzig Kurven mit ein, bis zu 18 Prozent Anstieg, bis zu 11 Prozent Gefälle und knapp 300 Meter Höhenunterschied im Streckenverlauf. Damit gilt der Nürburgring – und insbesondere seine berüchtigte Nordschleife – bis heute als die anspruchsvollste Rennstrecke der Welt. Und zu den gefährlichsten zählt sie auch: Wie sich herausstellte, erwies sich ein schmaler, von Hecken umgebener Parcours von fast 30 Kilometer Länge nicht nur für die Fahrer als Herausforderung, sondern auch für die Rettungskräfte, die eine Ewigkeit brauchten, um zum Unfallort zu gelangen, und eine zweite Ewigkeit, um ihn wieder zu verlassen. Prädikat kurz nach der Einweihung: »Bärig schwer.« Ein halbes Jahrhundert später hatte sich der Spitzname »Grüne Hölle« für den Ring fest etabliert, der bis heute ein aufredendes Rennsportwochenende verspricht.

Der Beliebtheit tut all das keinen Abbruch. Auch wenn die Formel 1 kam und ging, werden immer noch regelmäßig andere Auto- und Motorradrennen auf dem Nürburgring ausgetragen, von denen allerdings viele auf der »entschärften« Südschleife stattfinden. Doch selbst die wesentlich längere und bei Weitem schwierigere Nordschleife wird noch verwendet, nicht zuletzt, da der Nürburgring streng genommen ein öffentlicher Verkehrsraum ist. Gegen ein geringes Entgelt ist es dem Normalbürger also möglich, abends und an rennfreien Wochenenden seine Runden über den Nürburgring zu drehen. Dort treffen dann neugierige Polo-Fahrer auf Möchtegern-Schumis und produzieren sehenswerte Karambolagen mit viel Blut und abgerissenen Gliedmaßen.

Die Bilanz ist ernüchternd, sowohl bei den Rennen als auch der privaten Nutzung: jedes Jahr Dutzende Unfälle, zahlreiche Schwerverletzte und natürlich auch Todesfälle. Knapp 150 Menschen ließen bislang ihr Leben am Nürburgring – und kein Ende in Sicht. Besondere Berühmtheit erlangte die Strecke durch den Unfall Niki Laudas im Jahr 1976, der in einem entlegenen Abschnitt der Nordschleife verunglückte. Aufgrund einer Rauchvergiftung fiel er gar ins Koma und erhielt sogleich die letzte Ölung – verfrüht, wie sich zeigte, denn mit einer Willenskraft, die bis heute ihresgleichen sucht, zwängte er sich bereits wenige Wochen später wieder ins Cockpit. Andere waren weniger glücklich, darunter auch Zuschauer, die zur falschen Zeit am falschen Ort standen und von Fahrzeugen, die aufgrund ihres hohen Tempos abhoben, regelrecht erschlagen wurden.

FAZIT: Rund 50 Kilometer südlich von Bonn liegt der zu Recht legendäre Nürburgring, auf den indes eine ungewisse Zukunft wartet: Nach massiven Fehlinvestitionen des Landes, Bankrott und Verkauf bleibt unklar, wie die Strecke nachhaltig profitabel betrieben werden kann, idealerweise auch ohne größere Zahlen von Toten und Verletzten. Wer die Grüne Hölle noch leibhaftig erleben will, sollte sich daher sputen.

Aus naheliegenden Gründen empfiehlt sich die Anfahrt mit dem eigenen Automobil – der Wohnwagen darf zwar nicht mit auf die Strecke, aber *just for fun* sollte man sich einen »Baby on Board«-Sticker an die Heckscheibe kleben.

Wer das Risiko minimieren will, das zentrale Element einer Massenkarambolage zu bilden und mit dem Seitenschneider aus einem brennenden Wrack herausgeschnitten zu werden, kann auch eine Fahrt als »Beifahrer« bei professionellen Rennfahrern buchen oder an einem konservativen Fahrsicherheitstraining teilnehmen. Wem das zu öde klingt, dem bleibt nur der Kauf eines Sportautos und der Bleifuß – in der Hoffnung, dass sich hinter der nächsten Spitzkehre kein langsameres Fahrzeug befindet.

◂ Diskutiere: Ist eine scharfe S-Kurve nicht streng genommen eine ß-Kurve?

TIEFENRAUSCH

ATTERSEE, SALZKAMMERGUT, OBERÖSTERREICH

SPANNUNG	GEFAHR	FAMILIENFREUNDLICHKEIT
3 von 5	3 von 5	4 von 5

Mitten im Salzburger Land liegt das »beste Süßwassertauchrevier Europas«: Der Attersee ist nicht nur einer der größten und tiefsten Seen in den Alpen, sondern reizt Taucher aus aller Welt mit perfekten Konditionen unter Wasser. Vom Ufer aus fällt der Grund steil und spektakulär ab bis in Tiefen von 169 Meter, dazu kommen unerhörte Sichtweiten von bis zu 25 Metern.

Damit reizt der Attersee nicht nur Neulinge, die das Tauchen erlernen möchten, sondern auch Profis, die hier ihre Grenzen ausloten wollen. Da die Sicht gerade im Herbst und Winter besonders herausragend ist, finden mittlerweile Tauchgänge zu jeder Jahreszeit statt – wenn es stürmt und schneit, ist es in den Tiefen des Attersees schließlich genau so kalt und dunkel wie im Sommer auch.

Die guten Konditionen sind es aber, die mit bedauerlicher Regelmäßigkeit zur Selbstüberschätzung führen. Die goldene Regel, dass drei-

ßig Meter Tiefe genügen müssen, wird dann gern ignoriert. Kaltes, klares Wasser täuscht über die wahren Entfernungen hinweg, und die Lust, nur noch ein klitzekleines bisschen tiefer und ein ganz klein wenig länger zu tauchen, wächst sich ins Grenzenlose aus. Kurz darauf grüßt der Tiefenrausch – oder ein Panikanfall, was bei der zu diesem Zeitpunkt bereits bestehenden Entfernung zur Oberfläche zum gleichen Ergebnis führt.

Eine besondere Reputation hat sich die Tauchstelle »Schwarze Brücke« erarbeitet. Diese Einstiegsstelle an der Ostseite des Attersees führt zu einer riesigen Steilwand, an der sich das einfallende Licht verführerisch spiegelt. Die Gefahr zu ignorieren, ist hier schlicht unmöglich – am Straßenrand weisen mehrere Kreuze auf die Schicksale derer hin, die hier ihren allerletzten Tauchgang absolviert haben. Sie sind im Attersee in bester Gesellschaft, denn jedes Jahr ertrinken dort im Schnitt zwei bis drei Taucher. Ebenso regelmäßig kehren die Forderungen zurück, den Zugang zum See zu sperren oder zumindest zu erschweren. Denn: Auch diejenigen, die einen Tauchunfall überleben, müssen geborgen werden – mit teils erheblichen Folgekosten.

FAZIT: Entgegen anders lautender Mythen wurden – und werden – alle Opfer von Tauchunfällen im Attersee geborgen. Auch wenn's mal wieder länger dauert: Eine Leiche konnte erst nach drei Jahren Tauchgang herausgefischt werden, durch Neopren und Kälte bestens konserviert. Also, zumindest bis zur Rückkehr an die Oberfläche.

Wer sein Glück strapazieren und dem Rausch der Tiefe folgen möchte, reist auf der B152 an der Ostseite des Attersees nach Seeleiten am Attersee, gegenüber von Attersee am Attersee. Dort findet sich bei Kilometer 12,4 die schmucklose Einstiegsstelle zu einem Tauchabenteuer, das zwischen Himmel und Hölle alles bieten kann.

▾ Kaltes … klares … Wasser …

LEBENSMITTELVERGIFTUNG

BIO-GEMÜSE, FREILAND

SPANNUNG	GEFAHR	FAMILIENFREUNDLICHKEIT
1 von 5	1 von 5	5 von 5

Wer am eigenen Leib erfahren möchte, wie sich der Tod durch soziale Ausgrenzung anfühlt, kann in der Öffentlichkeit darauf hinweisen, dass der »Bio«-Anbau von Obst und Gemüse eine ganz, ganz schlechte Idee sei. Die Natur kennt wenig, das mit dem Zorn einer Latte-macchiato-Mutti vergleichbar ist, die in ihrem klimatisierten SUV quer durch die Innenstadt gefahren ist (im dichten Feierabendverkehr – es gibt einfach zu wenige Fahrradwege), um beim präferierten Bio-Supermarkt die handgepflückten Flug-Mangos fürs Abendbrot einzukaufen – nur um dann mit der Erkenntnis konfrontiert zu werden, dass die Welt auf diese Weise gar nicht gerettet wird.

Besonders in den wohlhabenden, aber gegenüber wissenschaftlichen Erkenntnissen ignoranten Bevölkerungsschichten hält sich hartnäckig der Glaube, dass »natürlich« gleichbedeutend mit »gut« oder gar »gesund« sei. Aus Sicht des Marketings ein absoluter Volltreffer. Doch zu den größten Errungenschaften der Menschheit zählt es, die Prinzipien, die heute als »bio« gelten, hinter sich gelassen zu haben. Umso bedauerlicher ist es, dass kaum jemand Helden wie Norman Borlaug kennt, der durch mühseligste Kleinarbeit Pflanzen gezüchtet und auf diese Weise allein über eine Milliarde Menschen vor dem sicheren Hungertod bewahrt hat. Kaum auszumalen, wie die Welt heute aussähe, wenn man bereits damals die Möglichkeiten der modernen Landwirtschaft aus ideologischen Gründen ausgeschlagen hätte.

Die jüngere Entwicklung, die die moderne Landwirtschaft zu verteufeln sucht, ist daher nicht nur unbegründet, sondern geradezu unbegreiflich, wenn man sich ihre Wurzeln genauer betrachtet. Urvater dessen, was heute im Supermarktregal als »bio« vermarktet wird, ist Rudolf Steiner. In Pamphleten voll einer kruden Mischung aus Rassismus und Esoterik begründete er einst die Anthroposophie, bevor er sich der Konzeption von Waldorf-Schulen widmete. Seine Ideen zum biologisch-dynamischen Anbau (heute bekannt unter dem Demeter-Siegel) müssen auch unter Berücksichtigung eines großzügigen Damals-war-die-Welt-noch-anders-Bonus als fortgeschrittener Schwachsinn deklariert werden. Beispiele gefällig? Statt Pflanzenschutzmittel gibt es einen zu Pulver zermahlenen Bergkristall, der, in ein Kuhhorn gefüllt, bei Neumond im Sommer vergraben wird. Statt Dünger gibt es Schafgarbenblüten, gefüllt in die Blase eines toten Hirsches, hübsch über einen Ast drapiert (allerdings ohne den Hirsch).

Den meisten Konsumenten ist der Hokuspokus um das Biogemüse selbst suspekt. Zwar gibt es immer wieder Vorstöße mit dem Ziel der Zwangsbeglückung durch verpflichtende Quoten, aber Otto Normal kann beruhigt sein. Zahlreiche Meta-Studien belegen klar und deutlich: Obst und Gemüse aus biologischem Anbau ist nicht gesünder. Es schmeckt auch nicht besser. Und für die Umwelt ist es auch nicht besser. Selbst bei den weniger extremen Formen des Bio-Anbaus werden Schwermetalle wie Kupfer gegen Pilzbefall gespritzt; Gifte die sich im Boden ansammeln und in die Nahrungskette wandern – dagegen ist Glyphosat harmlos. Vom dramatisch erhöhten Flächenverbrauch ganz zu schweigen.

Wer jedoch keine Lust hat, Jahrzehnte für eine globale Biolandwirtschaft zu kämpfen und dann zu warten, bis die erste globale Hungerkatastrophe auch Mitteleuropa erreicht, hat noch eine

andere, weitaus schnellere Möglichkeit, sich mit Gemüse zu belasten. Auch wenn es fast allen Menschen unangenehm ist, es zu hören: An gentechnisch veränderten Pflanzen ist noch niemand zu Schaden gekommen. Biogemüse dagegen war für den schlimmsten Lebensmittelskandal der Nachkriegszeit verantwortlich, als im Sommer 2011 fast 4.000 Menschen mit dem hochgefährlichen Ehec-Erreger infiziert wurden – 53 von ihnen ließen ihr Leben. Vom beschaulichen Steddorf in Niedersachsen aus wurden die verseuchten Lebensmittel in die halbe Nation verteilt. Ursache der Epidemie waren verseuchte Sprossensamen und vermutlich auch mangende Hygiene im landwirtschaftlichen Betrieb.

FAZIT: Wessen Blutdruck beim Lesen dieses Kapitels angesichts der Ketzerei am Bio-Kult in bislang unbekannte Höhen geschossen ist, möge an dieser Stelle einfach ein paar Globuli einwerfen (aber Vorsicht, nicht überdosieren!) und bei einer Tasse Glückskräutertee aus Biolandbau entspannen.

▲ Symbolbild: Mann, mit Gemüse, lacht allein. Der Korb repräsentiert die Sehnsucht nach versagter Fleischeslust.

Allen anderen sei gesagt: Dass Sprossen auch diesseits der Gefahrenzone durch Ehec-Erreger zu den wenigen Gemüsesorten zählen, die regelmäßig Alarm im Darm hervorrufen, ist kein Geheimnis. Es wird vermutet, dass dies an ihrer rauen Oberflächenstruktur liegt, die ein reges Bakterienwachstum ermöglicht, aber zugleich das Reinigen erschwert. Werden die Sprossen dann roh verzehrt, kann man innerhalb weniger Stunden ein paar Kilo abnehmen.

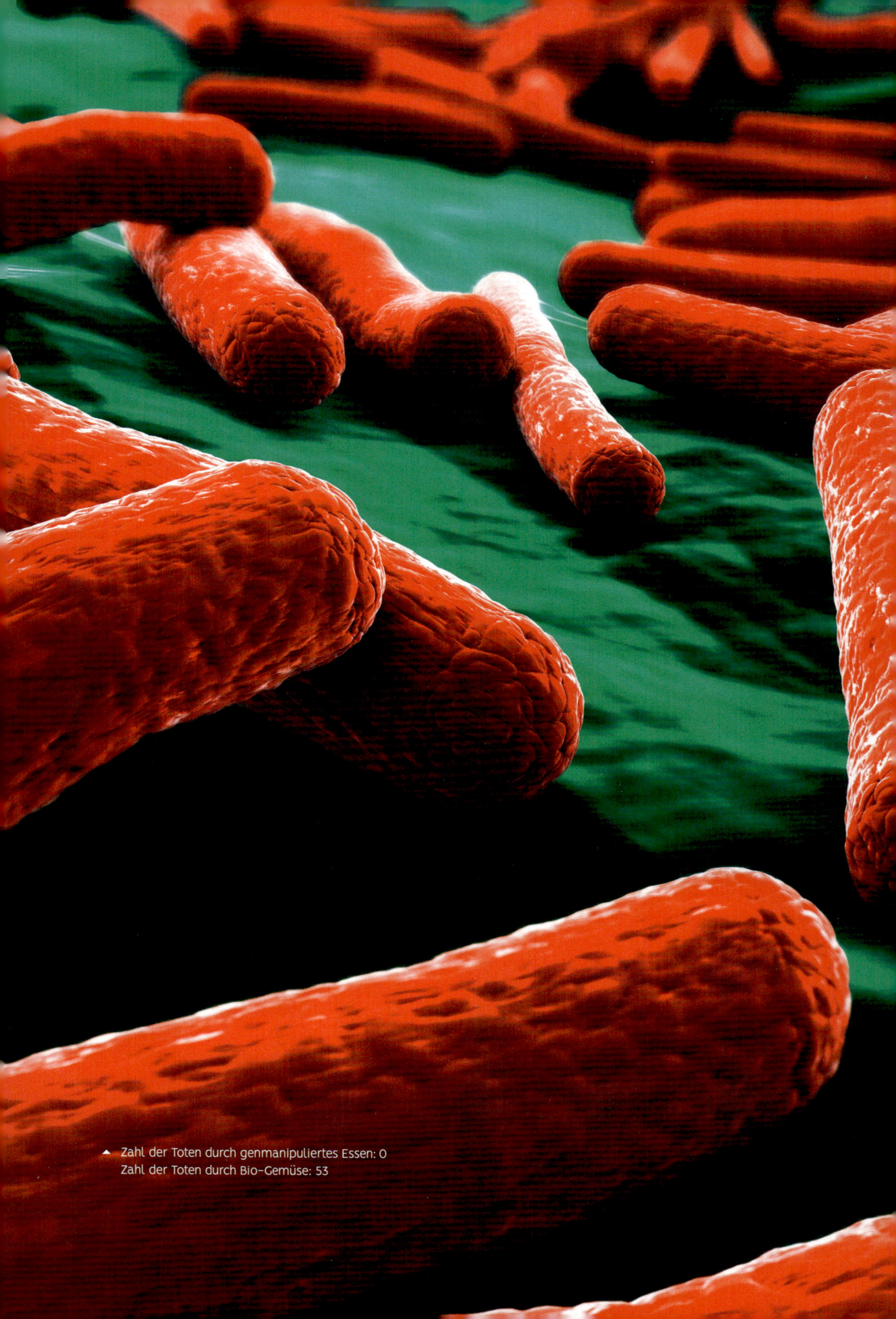

▲ Zahl der Toten durch genmanipuliertes Essen: 0
Zahl der Toten durch Bio-Gemüse: 53

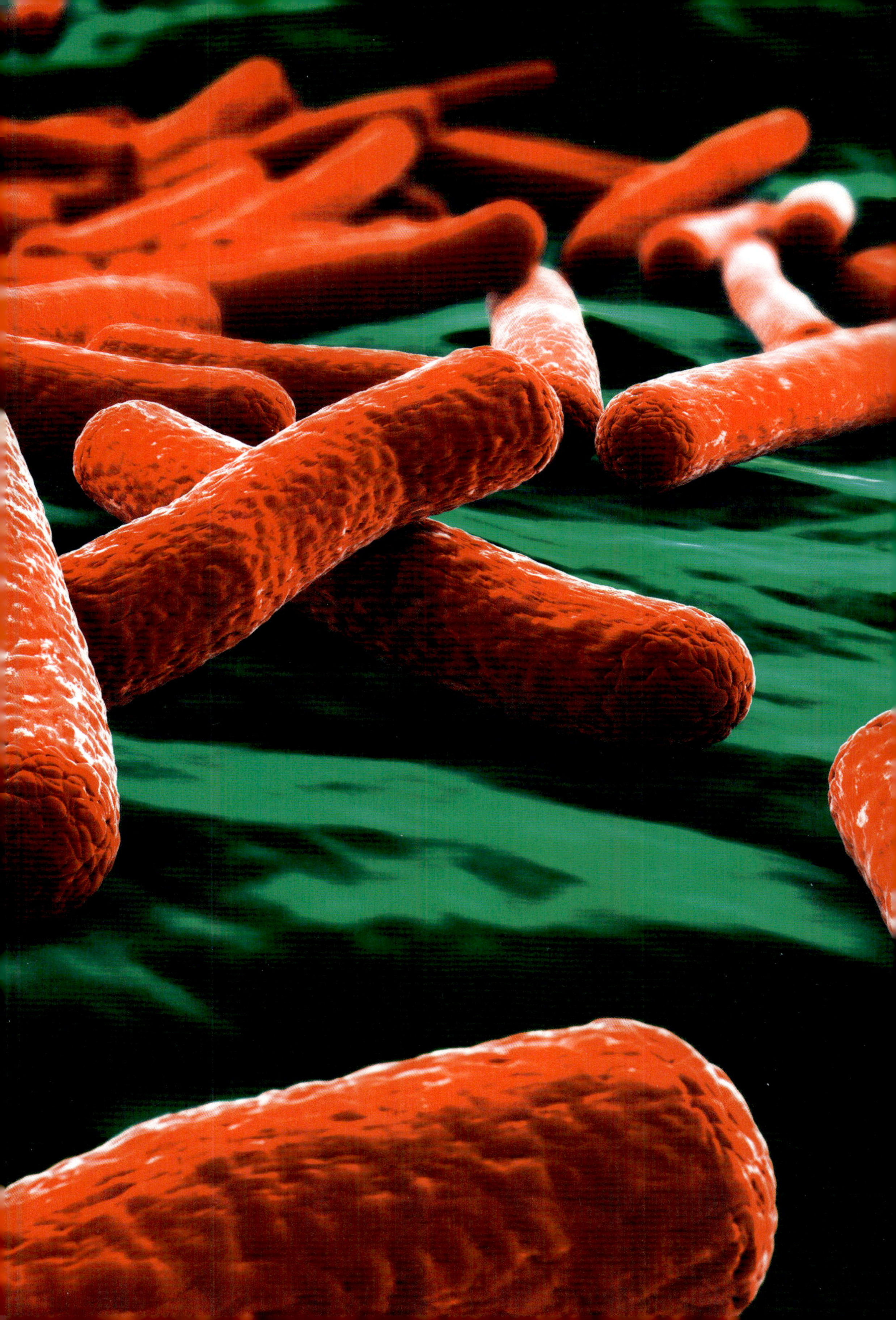

HAUE VON DEN GUTEN

HAMBACHER FORST, KERPEN, NORDRHEIN-WESTFALEN

SPANNUNG	GEFAHR	FAMILIENFREUNDLICHKEIT

Ungefähr zwei Quadratkilometer – das ist die Fläche des verbliebenen Hambacher Forsts, der im Sommer 2018 zum Schauplatz einer mehr als nur symbolischen Auseinandersetzung wurde. Auf der einen Seite die Bösen: Das Kapital, das Unternehmen, der Staat, die Kohle (im wahren Sinne des Wortes), die Kohle (im übertragenen Sinne), die Polizei. Auf der anderen Seite die Guten: Die Umweltschützer, die Klimaretter und alle anderen, die den Planeten vor Raffgier schützen wollen.

So weit die Märchenstunde. Wie sich herausstellte, war das Protestcamp im Hambacher Forst nicht so friedliebend, wie es weite Teile der Umweltbewegung sicher gern gehabt hätten. Seit 2012 war der Forst mit Unterbrechungen »besetzt«; als er 2018 endgültig geräumt werden sollte, um die Rodung für die Erweiterung des Tagebaus zu vollziehen, eskalierte die Situation in einem Maße, wie es die wenigsten Deutschen vorher für möglich hielten. Dabei erwiesen sie sich wohl eher als vergesslich: Proteste wie seinerzeit bei der Startbahn West, die 1987 im Mord von zwei Polizisten kulminierten, haben eine manifeste und nicht bloß latente Gewaltbereitschaft bei einigen der vermeintlich »Guten« schon vor vielen Jahren offenbart.

Nicht anders in NRW: Nach anfänglich überschaubaren Protesten reisten im Laufe des Sommers 2018 (unter vollkommener Missachtung

ihres CO_2-Fußabdrucks) immer mehr Gewalttäter aus ganz Europa ein und heizten die militante Grundstimmung mächtig an. Es folgten hochgefährliche Sabotageakte, etwa an Strommasten, und Brandstiftung. Neben Gegenständen, die man in einem Camp im Wald vielleicht noch rechtfertigen kann (Machete, Axt), fanden sich bei diversen Räumungsversuchen Pfefferspray, Blendgranaten, Wurfeisen und Pyrotechnik. Ebenfalls zum Einsatz kamen brennende Barrikaden und Molotowcocktails – sensationelle Konzepte, um den Erhalt eines Waldes in einem trockenen Sommer sicherzustellen. Selbstredend dienten alle Waffen nur der Verteidigung, insbesondere die Granaten aus dem Zweiten Weltkrieg, die sich rein zufällig im Camp fanden. Highlight ist und bleibt aber die Form von Aktivismus, bei der die Weltretter aus ihren Baumhäusern die anderen mit ihrer Scheiße bewarfen, die sie in Eimern (vermutlich aus Plastik) gesammelt hatten.

Der Verfassungsschutz des Landes Nordrhein-Westfalen zieht ein ernüchterndes Fazit: »Schwerste Verletzungen der attackierten Personen wurden dabei billigend in Kauf genommen. Die Hemmschwelle, Gewalt auch in Form von schweren Körperverletzungsdelikten anzuwenden, ist bei linksautonomen Aktivisten in den vergangenen Jahren erkennbar gesunken.« Der Vorstandsvorsitzende der RWE AG sprach gar von »Öko-Terroristen«.

Glücklicherweise wurde kurz vor Ausbruch des totalen Krieges noch eine seltene Fledermaus entdeckt, die die Rodung des Forsts vorerst verhindern konnte. Für einen selbst ernannten Aktionskünstler kam der Aufschub allerdings zu spät – ebenso wie die Erkenntnis, dass man nicht aufgeregt wie ungesichert in 15 Meter Höhe zwischen Baumhäusern herumhüpfen sollte. Sein Köpper aus der Baumkrone endete tödlich. Zu spät kam die Deeskalation auch für einige der Bäume: Mindestens 50 von ihnen wurden gefällt, um daraus Baumhäuser für die Aktivisten zu zimmern.

FAZIT: Das Schöne am Hambacher Forst ist sein multipler Freizeitwert zur Erforschung der Methoden und Wirkungsweisen des gesellschaftspolitischen Protests. Dazu kommt die günstige Lage und unkomplizierte Anreise. Von der S-Bahn-Haltestelle Buir ist es nur ein Katzensprung bis zum »Hambi«, wo gleich mehrere Proteste an einem Tag möglich sind. Denn unweit von hier liegt auch das Forschungszentrum Jülich, wo mit Kernphysik experimentiert wird – ein Werk des Teufels.

Wer einen Aktivisten oder Baumhausbesetzer im Wäldchen antrifft, könnte den Dialog suchen und ihn darauf hinweisen, dass der Hambacher Forst früher oder später ohnehin gerodet werden muss – auch bei einem sofortigen Stopp der Braunkohleförderung. Die Abflachung der Böschung, so ließe sich fortfahren, sei schlicht nötig, um sicherzustellen, dass der Tagebau nach seiner Nutzung nicht kollabiere. Anschließend sollte man dann die Beine in die Hand nehmen und Land gewinnen, bevor der argumentativ Herausgeforderte mit Fäkalien und Molotowcocktails um sich wirft, wie es nur jemand tun kann, der auf der Seite der Guten steht.

▲ Strom ist ohnehin überbewertet. Wer im Einklang mit der Natur lebt, ist von ihr hinreichend elektrisiert.

◀ Zweiter Stock: Herrenunterwäsche, Dreadlockbedarf und unterkomplexe Weltbilder

Im Vordergrund ein böser Tagebau, dahinter ein paar gute Windräder

STURZ IN DEN CANYON

VIAMALA-SCHLUCHT, THUSIS, GRAUBÜNDEN

SPANNUNG	GEFAHR	FAMILIENFREUNDLICHKEIT
2 von 5	1 von 5	4 von 5

Südlich von Chur, auf halber Strecke zur italienischen Grenze, liegt die Viamala-Schlucht. Sie ist Teil eines fast 3.000 Jahre alten Weges über die Alpen und galt lange Zeit als einer der, wenn nicht der furchteinflößendste Abschnitt. Die Schlucht ist bis zu 300 Meter tief, aber nur wenige Meter breit. In der Tiefe wartet die reißende Strömung des Hinterrheins, die selbst im Hochsommer nur einstellige Temperaturen erreicht.

Lange Zeit war die Schlucht nur über schlecht ausgebaute Wege überhaupt passierbar – daher auch ihr Name: Viamala steht wortwörtlich für den »schlechten Weg«. Dennoch wurde er schon von den Römern ausgiebig benutzt und blieb bis ins späte Mittelalter der bevorzugte Handelsweg des »Mailänder Boten«, der Post und Waren zwischen Norditalien und Lindau transportierte. Ein riskanter Job, nicht nur aufgrund des schlechten Zustands des streckenweise schmalen Steges und nicht vorhandener Geländer: Schließlich gab es seinerzeit auch keine verlässlichen Wettervorhersagen. Eine nur wenige Meter breite Schlucht kann nach starkem Regen in einem Maße anschwellen, das jegliche Vorstellungskraft sprengt.

1834 kam es zu einem verheerenden Hochwasser, das weite Teile einer der bis dato gebauten

Straßen durch die Schlucht zerstörte und gleich noch eine Brücke unpassierbar machte. 1882 brach der Verkehr auf dieser Route endgültig ein, als mit dem Gotthard-Tunnel eine schnellere – und vor allem sicherere – Alternative etabliert wurde.

Heute gilt die Viamala-Schlucht als gezähmt, eher majestätisch als gefährlich. Doch selbst die gemächliche Wanderung über einen der zahlreichen, bestens beschilderten Wege ist nicht ohne: Schwindelfreiheit ist ein Muss, ebenso wie das nötige Quäntchen Glück. Ein Teil des Steiges wurde 1999 von einem Felssturz mitgerissen, 2019 musste ein weiterer Teil eines vom Absturz bedrohten Felsens sicherheitshalber gesprengt werden.

FAZIT: An einem lieblichen Sommertag ein friedliches Ausflugsziel für die Familie – und beim Canyoning bei Starkregen eine Todesfalle: Die Viamala-Schlucht bietet alles, was man sich als Reisender in der Schweiz erhoffen kann, inklusive sensationeller Aussichten. Selbst eine Anreise mit den öffentlichen Verkehrsmitteln (Bahn und Postbus) ist problemlos möglich, auch wenn es sicherlich reizvoll ist, die zahlreichen Brücken in der Schlucht im eigenen Tempo zu erleben.

CRYSTAL METH

ERFURT, DRESDEN, CHEMNITZ, THÜRINGEN/SACHSEN

SPANNUNG	GEFAHR	FAMILIENFREUNDLICHKEIT

Erfurt vor Dresden vor Chemnitz. Als im Sommer 2018 die Ergebnisse eines internationalen Forschungsprojekts zum Drogenkonsum in Europa bekannt wurden, landeten bei dem Amphetamin Crystal Meth gleich drei ostdeutsche Städte auf dem Treppchen. Gold, Silber und Bronze – wie zu besten DDR-Zeiten. Doch was hat es mit der Superdroge eigentlich auf sich? Dazu hilft ein Blick in die Mottenkiste, genauer gesagt in den März 1944: Zu dieser Zeit hält der Zweite Weltkrieg Europa in Atem. Im hohen Norden Finnlands soll Aimo Koivunen als Teil einer Ski-Patrouille die Sowjets im Auge behalten, die immer wieder in das feindliche Territorium im hohen Norden vordringen. Doch es sieht schlecht aus für ihn: Einer Gruppe sowjetischer Angreifer gelingt es, die Finnen zu umrunden; Koivunen gelingt gerade noch die Flucht. Obwohl er sich auf seinen Ski um Tempo bemüht, kann er den Feind nicht abhängen. Dann fällt ihm ein, dass er in seiner Feldapotheke Pervitin mit sich führt – ein äußerst potentes Amphetamin, das den Soldaten in Ausnahmesituationen helfen soll, hellwach zu bleiben.

Viel hilft viel, wird er sich gedacht haben, bevor er sich statt der empfohlenen Tagesdosis von einer Pille pro Person gleich die gesamte Truppendosis von 30 Tabletten reinpfiff. Was folgt, ist eine fast zweiwöchige Odyssee durch die eisige Wildnis Finnlands, die die Sowjets nachhaltig be-

◂ Kennen Sie eigentlich den Film »127 Hours«? Wenn nicht, ist das jetzt alles neu für Sie.

Kultur ist schön und gut, aber haben Sie schon die lokalen Amphetamine getestet?

eindruckt, wenn nicht gar eingeschüchtert haben dürfte. Zwischen Delirium, Bewusstlosigkeit und Hyperaktivität hin und her wechselnd, legt Koivunen am ersten Tag gleich einmal 100 Kilometer zurück – und wacht am nächsten Morgen ohne Orientierung, Nahrung oder Kontakt zu seiner Armee im Schnee wieder auf. Eine Woche verbringt er in einem Graben; anschließend verletzt er sich an einer Landmine und heizt weitere 300 Kilometer durch die Landschaft. Seine Diät besteht – so weit seine Erinnerung taugt – in dieser Zeit ausschließlich aus frischen Pinienzapfen und einem einzigen, wahrlich unglücklichen Unglückshäher, der an Ort und Stelle roh konsumiert wird, hoffentlich ohne Federkleid. Als Folge dieser quasi-veganen Traumdiät schrumpft er auf 43 Kilo Körpergewicht zusammen. Als der tapfere finnische Soldat am Ende seiner zweiwöchigen Intensiv-Freiluftübung ins Krankenhaus eingeliefert wird, beträgt sein Ruhepuls immer noch 200 Schläge, ungefähr 140 mehr als nötig.

Die Frage ist also nicht, wieso Crystal Meth konsumiert wird, sondern warum es so lange gedauert hat, bis es zu erträglichen Preisen auf der Straße erhältlich war. Schließlich waren es nicht nur die Finnen, die mit Amphetaminen experimentiert haben. Auch die Nazis zeigten sich hellauf begeistert von den Möglichkeiten, die sich eröffneten, wenn man sich und seine Soldaten mit Aufputschmitteln vollpumpt. Dass Göring von Morphium abhängig gewesen ist, dürfte weithin bekannt sein. Doch die Notizen von Hitlers Leibarzt legen nahe, dass auch der Führer über die Jahre hinweg sagenhafte 800 Injektionen mit diversen »Medikamenten« erhalten hat, die man heutzutage nicht mehr in der Apotheke, sondern bestenfalls hinter dem Bahnhof erhalten kann, darunter Opiate und Amphetamine. Die letzten Tage im Führerbunker dürften dank unvermeidlicher Entzugserscheinungen gleich doppelt angespannt gewesen sein.

Für die Wehrmacht stand immerhin ein bescheidener Vorrat von 35 Millionen Pervitin-Ta-

Vielleicht kein Schnee im Sommer, aber immerhin Ice.

Wenn es unter der Brücke kein Meth zu kaufen gibt, heiß ich aber Kunibert.

bletten parat. Zu denen, die die Vorzüge der Drogen auch nach dem Krieg noch zu schätzen wussten, zählte übrigens Konrad Adenauer, der sich gelegentlich eine Runde Pervitin gönnte, um seinen Arbeitstag produktiver zu gestalten.

Seit den Sechzigern ist die Droge nicht mehr vorrangig im militärischen Gebrauch, sondern wird bevorzugt privat genutzt. Nach der Jahrtausendwende explodierte die Beliebtheit von Crystal Meth dann regelrecht. Grund dafür waren die kurzen Lieferketten aus dem Osten. Beispiel: Die vietnamesische Meth-Mafia kauft in Polen große Mengen rezeptfreier Medikamente, um aus diesen in Tschechien den Wirkstoff Ephidrin zu gewinnen und dann auf dem deutschen Markt abzusetzen. Wie man hochwertiges Crystal Meth kocht, ist seit »*Breaking Bad*« allerdings auch kein Betriebsgeheimnis mehr, weshalb die Verfügbarkeit stark gestiegen ist. Daran, dass das Geschäft lukrativ ist, ändert das aber nichts: An der ostdeutschen Grenze kostet das Gramm rund 20 Euro, weiter gen Westen steigen die Preise auf 80 Euro. Den höchsten Pro-Kopf-Konsum vermutet man neben dem thüringischen Erfurt daher konsequenterweise in den grenznahen Städten Dresden und Chemnitz – dies jedenfalls legt eine europaweite Studie nahe, die das städtische Abwasser auf dem Kontinent auf Drogenrückstände untersucht hat. Und wozu die Leistungssteigerung? Ein Schwerpunkt des Drogenkonsums liegt, wie sollte es anders sein, in Berlin, wo sich die homosexuelle Szene zu Chem-Partys trifft. Sich bei ein wenig Techno den Lack überzustreifen und einzuölen reicht bei diesen Orgien nicht mehr aus: Ziel ist es, ohne unnötige Pausen zur Befriedigung primitiver Triebe wie Essen und Schlafen 72 Stunden romantisch aktiv zu sein, wobei Aufputschmittel wertvolle Unterstützung bieten können. Insofern konnte Eva Braun sich wohl glücklich schätzen, dass sie überhaupt noch laufen konnte. Inzwischen stellt auch die Kriminalpolizei nüchtern fest, die Droge sei auf den Schulhöfen angekommen, was nicht für die Qualität des Unterrichts spricht.

FAZIT: Crystal Meth ist die wohl gefährlichste aller Drogen, da sie bereits nach dem ersten und einzigen Konsum schwer abhängig machen kann. Nach dem extremen Rausch folgen Depressionen, Panik, Organschäden, Haarausfall, Zahnverlust, Epilepsie und Herzinfarkt. Und die Mehrheit derjenigen, die den Entzug versucht, scheitert. Schwerpunkt des Konsums – und damit des Handels – liegt nach wie vor in Sachsen, wo mittlerweile Babys mit Entzugserscheinungen auf die Welt kommen.

Und das ist nicht das einzige Risiko, denn Crystal Meth ist natürlich illegal: Wird man mit der Droge erwischt, drohen dem Normalbürger schwere Strafen von bis zu fünf Jahren Haft. Als Abgeordneter des Deutschen Bundestages kann man das Strafmaß in einzelnen Fällen auch auf eine überschaubare Geldstrafe verringern, vorausgesetzt, dass man sich vorher leidenschaftlich für die Legalisierung von Sex mit Kindern eingesetzt hat.

FELSSTURZ

MOOSFLUH, RIEDERALP, WALLIS

SPANNUNG	GEFAHR	FAMILIENFREUNDLICHKEIT

Die Moosfluh gilt als der am besten überwachte Hang der Schweiz. Gelegen an der Südseite des Aletschgletschers, inmitten der bilderbuchhübschen Hochalpenlandschaft des Wallis, rutscht der Hang Stück für Stück Richtung Gletscher ab. Ob er sukzessive hinabgleitet oder eines Tages schlicht abbricht, kann niemand vorhersehen.

Das Problem abbrechender Hänge ist in der Schweiz nicht neu – Erosion gehört zum Leben in den Alpen dazu. Wohl aber wird sich das Problem durch steigende Durchschnittstemperaturen verschlimmern. Zum einen hält der Permafrost zahlreiche Gesteine über 2.500 Höhenmeter zusammen; steigt die Temperatur über die magische Schwelle von 1,5 Grad unter null, so schmilzt der Permafrost allmählich und seine stabilisierende Wirkung lässt nach. Die Folge sind kleine wie große Felsstürze: Mal löst sich ein einzelner Stein und erschlägt einen arglosen Wanderer, mal rutscht ein ganzer Hang ab und begräbt Häuser unter sich.

Zu diesem Effekt gesellt sich an der Moosfluh ein zweiter hinzu. Der Aletschgletscher bleibt der größte Firn der Alpen, doch ist er seit Beginn der methodischen Aufzeichnungen in 1850 um ein Fünftel geschrumpft. Ein wesentlich kleinerer Gletscher übt aber auch wesentlich weniger Druck auf das umliegende Gestein aus. Momentan wird dieser Druck auf 35 Bar am Fuße des Hangs geschätzt – zu wenig, um die Moosfluh an Ort und Stelle zu halten.

Mit fortschreitender Entgletscherung ist es daher längst keine Frage mehr ob, sondern bloß wie schnell sich die Moosfluh in Richtung Tal verabschiedet. Schon heute ist die Bewegung des Hanges 30-mal schneller als noch vor 20 Jahren. In mäßig aktiven Phasen sackt der Steilhang zwölf Zentimeter pro Tag ab, an extremen Tagen sind es bis zu achtzig. In diesem Prozess entstehen ständig neue Felsspalten. Im schlimmsten Fall ist von einem Bergsturz von rund 150 Millionen Kubikmeter Fels auszugehen – das entspricht einem Würfel von über 500 Meter Seitenlänge, mit rund zwei bis drei Tonnen Gewicht pro Kubikmeter.

FAZIT: Beim Besuch der Riederalp ist das Timing alles entscheidend. Besonders gut stehen die Chancen auf einen Felsbruch nach Extremwetterereignissen, allen voran starken Niederschlägen.

Doch selbst wenn es im ersten Anlauf nicht klappen sollte, stellt dies noch keinen Beinbruch dar: Praktischerweise ist die Anreise unkompliziert, selbst wenn man mit der erweiterten Familie am Spektakel teilhaben will. Eine Seilbahn – mit Talstation in der Nähe eines Bahnhofs – führt direkt auf die Riederalp. Dort gilt es, in die Gletscherbahn Moosfluh umzusteigen, die einem direkt zum Aussichtspunkt über den Aletschgletscher bringt, wo auch die Ausgangspunkte für aus Sicherheitsgründen gesperrte Wanderwege an der Nordseite der Aletscharena liegen. Einen Vorgeschmack auf das, was den Gefahrenwanderer erwartet, geben die Bäume, die sich verzweifelt an den Hang klammern und in prekären Winkeln über dem Abgrund hängen.

Interessante Randnotiz: Die Seilbahn zur Moosfluh wurde bereits mit beachtlichen Toleranzen konzipiert – sie kann eine Verschiebung von rund 10 Metern horizontal wie vertikal kompensieren. Ob das genügt, wird die Zukunft zeigen.

▸ Diese Gletscherzunge leckt am Fuße des Berges.

▾ Rund 900 Meter dick ist der größte Firn der Schweizer Alpen an seiner stärksten Stelle – das ist so viel wie neun 100-Meter-Läufe hintereinander!

BRAUNBÄR

KARAWANKEN, KÄRNTEN

SPANNUNG	GEFAHR	FAMILIENFREUNDLICHKEIT
3 von 5	1 von 5	5 von 5

Migration war schon immer ein heißes Eisen in Österreich. Nachdem man 1842 bei Mariazell den letzten einheimischen Bären über den Haufen geschossen hatte, musste man sich in der kleinen Alpennation mit zugewanderten Fachkräften zufriedengeben. Lange Zeit war die Wiederansiedlung von Bären kein Thema – eher schien man froh, sie los zu sein –, doch dies än-

derte sich 1972, als der »Ötscherbär« ungehindert aus Slowenien einmarschierte und es sich in Österreich gemütlich machte. Seine Einwanderung stieß eine überfällige Debatte darüber an, wie Mensch und Tier sich im Alpenraum arrangieren sollten. Schließlich unterscheiden sich die bärigen Interessen wenig von den menschlichen: Sie suchen Natur, sie schätzen Ruhe, sie wandern gern, kümmern sich aufopferungsvoll um ihre Kinder, mögen Honig und frisches Lammfleisch.

Doch die Ressentiments saßen tief. Einige Versuche der Wiederansiedlung verliefen durchaus erfolgreich, andere Besucher aus dem Ausland wurden zu »Problembären« hochstilisiert. Ein vorläufiger Höhepunkt in puncto Massenpanik war bereits 1994 im Mariazellerland erreicht, wo Pelzträger Nurmi umherschlurfte und an Weidevieh naschte, woraufhin man Kindern den Aufenthalt im Freien untersagte und die Buchungszahlen der Wanderurlauber einbrachen. Kaum besser das Krisenmanagement in Bayern 2006, wo Problembär Bruno das Land wochenlang in Atem hielt, im Sommerloch für reichlich Schlagzeilen sorgte und zum Abschluss zum Abschuss freigegeben wurde.

An der Ausgangs- und ergo auch an der Bedrohungslage hat sich dabei bis heute nur wenig geändert. In der gesamten Alpenregion werden rund 50 Tiere vermutet, davon vielleicht (!) fünf bis acht (!) auf österreichischem Grund. Hin und wieder kommt es vor, dass einige der wanderfreudigen Tiere aus Slowenien oder Italien über die Grenze schleichen, doch die Chance auf ein Zusammentreffen ist und bleibt denkbar gering.

Dessen ungeachtet hat Österreich vorgesorgt und einen ausgefeilten »Managementplan Bär« aufgelegt, der vorsieht, dass als »gefährlich« geltenden Tieren ihre Missetaten zunächst nachgewiesen werden müssen (z.B. mit GPS, DNS, CSI:Klagenfurt), bevor gegen sie vorgegangen wird. Und »vorgehen« bedeutet zunächst vergrämen, vertreiben und erst dann umnieten. Interessanterweise leistet sich das Land trotz mikroskopischer Fallzahlen gleich mehrere Bärenanwälte, an die man sich (als Mensch) wenden kann, wenn man auf eines der Wildtiere oder seine Spuren gestoßen ist.

Gänzlich ausgeschlossen ist ein Zusammentreffen jedoch nicht: 2014 wurde ein Landwirt im Salzburger Lungau von einem Braunbären überrascht. Weil er die wichtigsten Verhaltensregeln befolgte (Ruhe bewahren, sich langsam entfernen, beim Angriff den Nacken schützen und reglos stellen) kam er mit einer gesalzenen Backpfeife davon.

AUCH HIER GILT:

- DER TUT NIX.

- DER WILL NUR SPIELEN.

- DAS HAT ER ABER NOCH NIE GEMACHT.

FAZIT: In weiten Teilen Europas gibt es Regionen, in denen sich Braunbären heimisch fühlen. Berechtigt sind die Erwartungen auf eine Begegnung mit Meister Petz allerdings nur in den rumänischen Karpaten.

Auf österreichischem Boden ist dagegen Geduld gefragt und – sollte es tatsächlich zu einem Aufeinandertreffen kommen – auch Engagement, um den Bären zu reizen. Ein Wildbiologe beschrieb die Wahrscheinlichkeit eines Angriffs plakativ: »Im Übrigen greift ein Bär nicht an – das ist so unwahrscheinlich wie ein Alien-Angriff in Ihrem Garten.«

Am aussichtsreichsten sind die Chancen für eine unheimliche Begegnung der direkten Art entlang der südlichen Landesgrenzen. Da Bären als äußerst scheu gelten, gilt es, möglichst leise durchs Gelände zu schreiten und den Bären idealerweise mit einem aufgehetzten Hund zu überraschen, etwa, wenn er gerade mit seinen Jungen beim Fressen ist. Alternativ fahren Sie einfach ziellos mit dem Auto umher und hoffen, dass Ihnen ein ausgewachsenes Exemplar vor die Motorhaube hüpft. Auch das ist bereits passiert, 2017, ebenfalls in Kärnten.

◂ Wer dem Braunbären begegnet, wird wohl mit der Backpfeife seines Lebens davonkommen.

Wer in Kärnten keinen Bären findet, kann zumindest ein paar Seen sehen gehen.

BRÜCKENSPRINGER

MÜNGSTENER BRÜCKE, SOLINGEN, NORDRHEIN-WESTFALEN

SPANNUNG	GEFAHR	FAMILIENFREUNDLICHKEIT

Viel wird auf die Deutsche Bahn geschimpft. Oft zu Recht, aber gerade beim Thema Verspätungen sind die lieben Mitmenschen alles andere als unschuldig. Im harmlosesten Fall sind es Reisende, die noch einen Moment die Tür blockieren, um einen verspäteten Fahrgast zusteigen zu lassen. Ein Klassiker und immer wieder gern gesehen sind auch spielende Kinder im Gleis. Im schlimmsten Falle jedoch handelt es sich um diejenigen, denen man die allseits beliebte Durchsage »Verspätung aufgrund von Personenschaden« zu verdanken hat.

Unter den Ursachen für solche Personenschäden sind Unglücksfälle und manche Leichtsinnstat (S-Bahn-Surfen), doch bedauerlicherweise bleibt auch der Suizid unter Einschluss der Bahn ein wesentlicher Faktor. Bei allem Verständnis für eine schwierige Lebenssituation handelt es sich dabei um das, was Psychologen als *dick move* bezeichnen: Der Triebwagenführer sieht in den meisten Fällen die Person mit Suizidabsicht, kann aber aufgrund des langen Bremsweges den Zusammenstoß nicht verhindern. Das bedeutet, dass er mit ansehen darf, wie bis zu 700 Tonnen mit Tempo 250 mit menschlichen Weichteilen kollidieren, die schon reißen und brechen, wenn sie aus einem kleinen Bäumchen fallen. Das mündet unweigerlich in einer gigantischen Sauerei aus Spontan-Amputationen, pulverisierten Knochen und Enthauptung. Dies mitzuerleben und nicht verhindern zu können ist für zahlreiche Triebwagenführer ein traumatisches Erlebnis. Es gibt zahllose Fälle von Fahrern, die im Anschluss nicht nur einer psychologischen Behandlung bedurften, sondern bis an den Rest ihres Lebens auch keine Züge mehr steuern konnten. Abgesehen von der menschlichen Katastrophe hat das Ganze auch eine betriebswirtschaftliche Dimension, denn die Bahn geht davon aus, dass jeder Triebwagenführer im Laufe seines Berufslebens zwei bis drei Leute erwischt. Und dann muss noch jemand saubermachen.

▼ Auf dem Weg zur Müngstener Brücke kann man das Leben noch einmal in vollen Zügen genießen.

Schon aus diesen Gründen ist das Thema Schienensuizid vergleichsweise gut erforscht. Im Schnitt gibt es jeden Tag zwei Vorfälle, die sich allerdings auf gewisse Hotspots wie wie etwa Bahnstrecken konzentrieren, die nahe an psychiatrischen Kliniken vorbeiführen.

Einschlägige Reputation weist auch die Müngstener Brücke in der Nähe von Solingen auf, die mit 107 Metern Abstand zum Grund die höchste Eisenbahnbrücke Deutschlands ist – passenderweise über die Wupper. Etwa alle fünf Wochen kam es hier in den vergangenen Jahren zu einem

Suizidversuch. Meist wird dieser sofort bemerkt, denn die Auen unter der Brücke sind ein beliebtes Naherholungsgebiet, und eine Runde Minigolf mit den Kindern leidet zuverlässig, wenn sich im Hintergrund jemand aus über hundert Meter Höhe auf den Gehweg schmeißt. »Meist« bedeutet übrigens nicht »immer« – 2007 reifte die Leiche eines Studenten für zwei Wochen in den Stahlstreben, bevor sie entdeckt wurde. Und auch in diesem Fall musste noch jemand hinterherkärchern. Meldungen wie diese konterkarieren die Bemühungen des lokalen Fremdenverkehrsamtes.

Erschwert wird die Situation vor Ort durch die Fehlalarme, denn nicht jeder, der auf der Brücke herumklettert, hat suizidale Absichten. Ihre Stahlkonstruktion zieht leichtsinnige Kletterer fast magnetisch an – und für adrenalinsüchtige Basejumper gilt dasselbe.

FAZIT: Komfortabel lässt sich die Müngstener Brücke erreichen: Der Nahverkehr der Rhein-Ruhr-Bahn pendelt zwischen Solingen und Wuppertal; von der Haltestelle Solingen-Schaberg sind es nur wenige Minuten zu Fuß zu einer der spektakulärsten Brücken Deutschlands, wenn nicht gar Europas. Der düsteren Reputation zum Trotz ist es eine hübsche Ecke, und die haben sowohl Wuppertal als auch Solingen schließlich dringend nötig. Wer selbst keine suizidalen Absichten hat und nur mal gucken kommt, kann die Wupper auch auf einer ungewöhnlichen Schwebefähre kreuzen, die südlich der Brücke installiert wurde.

ANARCHIE

KNUFFINGEN, VORALPEN

SPANNUNG GEFAHR FAMILIENFREUNDLICHKEIT

In Knuffingen herrscht Anarchie. Ernsthaft. In keiner anderen deutschen Stadt gehen derart merkwürdige Dinge vonstatten, dem putzigen Namen zum Trotz.

Dabei wirkt die Kleinstadt mit ihren 10.000 Einwohnern sooo idyllisch. Gelegen in den malerischen Voralpen, offensichtlich vom Wohlstand verwöhnt. Doch hinter der Fassade kleinbürgerlichen Lebens bröckelt es: Ein Feuerteufel treibt sein Unwesen. Jeden Tag brennt es irgendwo im beschaulichen Knuffingen, jeden Tag muss die Feuerwehr ausrücken. Doch es scheint niemanden zu kümmern – genauso wenig wie die gut 100 Autos, die scheinbar endlos wie ziellos auf den Straßen umherkreisen, die Baustellen, an denen kein Fortschritt zu erkennen ist (die Verlegung und der Neubau der Bundesstraße 83 ziehen sich schon seit Jahren hin) oder dem verunglückten Lkw, der nicht geborgen wird. Und das in einem Ort, der offensichtlich eine ungesunde Obsession mit dem Verkehr hat.

Kein Wunder, die Polizei ist schließlich mit anderen Dingen beschäftigt. Noch lebt Knuffingen gut vom Tourismus und der Industrie, doch ob der Bergbau überhaupt noch eine Zukunft hat, ist hier genauso fraglich wie im Rest Deutschlands. Die Kumpel demonstrieren jedenfalls für den Erhalt ihrer Zeche; die Situation droht zu eskalieren. Ebenfalls im Auge behalten müssen die Freunde und Helfer die Lage im kleinen, aber feinen Rotlichtbezirk, wo drei Damen horizontale Dienstleistungen feilbieten. Es zeigt sich: Auch Knuffingen ist doch nur ein Sündenpfuhl.

Wer glaubt, er könne diesem Wahnsinn entfliehen, indem er sich aus der Innenstadt entfernt und die nahen Voralpen aufsucht, der hat sich geschnitten. Hier tummeln sich Nudisten und Mörder; die Legende besagt sogar, es gebe Dinosaurier (vermeintlich Raptoren, wie man sie aus »Jurassic Parc« kennt). Das klingt unglaublich, aber wer Knuffingen live erlebt hat, weiß, dass hier nichts unmöglich ist.

FAZIT: Der merkwürdigste Ort Deutschlands ist praktischerweise hervorragend angebunden. Rund um die Uhr fahren Züge durch Knuffingen.

Zwar nicht nach Fahrplan, aber dafür mit direkten Verbindungen nach Österreich, die Schweiz, Skandinavien und sogar in die USA. Wem das zu beschaulich ist, dem bietet der internationale und womöglich geringfügig überdimensionierte Großflughafen Non-Stop-Verbindungen in alle Welt. Allerdings ist auch hier Vorsicht geboten: Im regelmäßigen Abständen havariert eine Maschine im Frachtbereich des Flughafens.

Bei allen Kuriositäten, die Knuffingen zu bieten hat, bietet der Ort einen unschlagbaren Vorteil – nämlich das perfekte Klima, ganzjährig Raumtemperatur und nur minimales Niederschlagsrisiko. Ideal für die Erkundung der Voralpen und deren Seen – gerade die Kinder und die erwachsenen Kinder werden begeistert sein.

▾ *Same shit, different day:* Schon wieder fackelt der Dachstuhl ab.

TSUNAMI

TRIFTGLETSCHERSEELI, GADMEN, BERN

SPANNUNG ●●●○○ **GEFAHR** ●●○○○ **FAMILIENFREUNDLICHKEIT** ●●●●○

Der Triftgletscher im Süden des Berner Oberlandes wird rund um die Uhr mit Adleraugen überwacht – und das, obwohl er immer kleiner wird.

Seit dem Ende der »kleinen Eiszeit« hat sich der Firn hier um fast drei Kilometer zurückgezogen. Da er zuvor eine Kuhle im Gestein bedeckt hatte, bildete sich dort in den Neunzigerjahren ein neuer See – das Triftgletscherseeli, das sich in wenigen Jahren zum größten und wohl auch bedrohlichsten Gletschersee der Alpen gemausert hat.

Dies ist der Geologie geschuldet, denn oberhalb des heutigen Sees bricht der Triftgletscher steil ab: Über 400 Meter weg fällt er mit einer

Steigung von bis zu 60 Prozent. An dieser Stelle zersplittert der recht glatte Strom aus dem doch nicht so ewigen Eis. Jederzeit können Eistürme herausbrechen und in den See fallen – oder gleich weite Teile der Gletscherzunge. Vorsicht ist also geboten, falls jemand hier seine Nüsse vergaben möchte.

Die Sorge wurde erstmals 2005 akut, als sich in kürzester Zeit eine große, quer verlaufende Spalte im Gletscher auftat und die Frage aufwarf, was denn alles passieren könnte, wenn mehr als nur ein paar Eiswürfel in den See rutschen.

Das Worst-Case-Szenario geht von einem oder – warum auch nicht – gleich mehreren Kubikkilometern Eis aus, die ins Seeli stürzen könnten. Die logische Folge wäre eine gigantische Flutwelle, die sich auf dem Weg ins Tal zwar abschwächen, dafür aber bereits eine Viertelstunde später im nächsten Dorf, Gadmen, anklopfen würde. Für das Tal selbst wäre dies eine Katastrophe, doch in Gadmen sieht man die Sache recht entspannt: Eine Viertelstunde würde reichen, um sich in Sicherheit zu bringen – und ohnehin seien kaum mehr als ein paar feuchte Keller zu erwarten.

Anderswo in der Schweiz erkennt man im Abschmelzen der Gletscher eine Chance. Zumeist hinterlassen sie keine idyllischen Seen, sondern lediglich Geröll. Mit dem Bau von Staumauern kann nicht nur der Umstieg bei der Energiegewinnung hin zur Wasserkraft leichter bewältigt werden – es ist schließlich auch mit wenig(er) Widerstand gegen Eingriffe in die Natur zu rechnen, wenn ein türkisfarbener See geschaffen wird.

▾ Ein Tsunami im Hochgebirge? Was kommt als nächstes? Schnee im Sommer?

▲ Unter manchen Brücken schläft es sich sicher auch nett.

FAZIT: Bei einem Besuch am Triftgletscher erwartet den Alpinisten seit 2009 eine besondere Belohnung: eine der spektakulärsten Hängebrücken der Welt. Der neu entstandene See schnitt nämlich Wanderern den Weg zum Westhang des Hinteren Tierbergs ab, sodass sie einen neunstündigen Umweg in Kauf nehmen mussten, um zur Trifthütte zu gelangen. Die Alternative ist heute die Triftbrücke, die mit bis zu 100 Meter Abstand zum Boden das Gewässer überspannt –

nur etwas für Schwindelfreie. Besonders viel Freude macht die Überquerung in der Gruppe, sodass sich die Brücke schön aufschaukelt.

Anders als vielleicht zu erwarten, ist ein Ausflug in die karge Hochalpenwelt des Triftgletschers mit wenig Aufwand zu realisieren. Aus dem Gadmental führt eine Seilbahn (eigentlich eine Werkbahn, die aber touristisch genutzt wird) hinauf ins Triftgebiet. Zwischen der Bergstation und der Triftbrücke liegt dann nur noch eine neunzigminütige Wanderung durch die Berner Hochalpen.

TERROR

DINSLAKEN-LOHBERG, NORDRHEIN-WESTFALEN

SPANNUNG **GEFAHR** **FAMILIENFREUNDLICHKEIT**

Preisfrage: Wie viele Schafe waren auf der Arche Noah?

Wer auf diese Frage mit »zwei« antworten möchte, ist natürlich auf dem Holzweg. Laut 1. Buch Mose (Genesis, Kapitel 7, Vers 2) sind die Anweisungen von oben zwar unmissverständlich: »Von allen reinen Tieren nimm zu dir je sieben, das Männchen und sein Weibchen, von den unreinen Tieren aber je ein Paar, das Männchen und sein Weibchen«, doch weil es die Arche Noah nie gegeben hat, lautet die tatsächliche Antwort auf die Frage natürlich null. Dies nur als Beispiel dafür, wie selektiv die Wahrnehmung sein kann, wenn es um religiöse Texte geht.

Prädestiniert für derlei Selektion und kreative Interpretationen ist der Koran, dessen Suren sich nicht nur fleißig widersprechen, sondern die zudem noch willkürlich – nämlich der Länge nach – sortiert sind. So kann man auch ein Heer von Gelehrten beschäftigen, die auch über ein Jahrtausend später rätseln, was denn gemeint gewesen sein könnte. Gibt es für einen Selbstmordanschlag wirklich 72 Jungfrauen – oder doch nur 72 köstliche Rosinen, Übersetzungsfehler sei Dank? Ist der Dschihad nun der Todeskampf gegen den Westen – oder bloß die »innere Anstrengung«?

Zumindest auf letztere Frage gibt es in Deutschland mehr als genügend Gläubige mit einer klaren Antwort. Im Jahr 2017 wurde die Schwelle von 10.000 Salafisten im Land überschritten, darunter über 1.000 Dschihadisten. Am wohlsten fühlen sie sich in Nordrhein-Westfalen, weil sie dort nicht ständig von irgendwelchen Behörden an der Ausübung ihres reinen Glaubens gehindert werden. Zwar wird gebetsmühlenartig darauf hingewiesen, dass nicht jeder Salafist ein Terrorist sei. Doch jeder islamische Terrorist war vorher Salafist. Und wenn mehrere Hundert von ihnen begeistert aus Deutschland nach Syrien gereist sind, um dort den Islamischen Staat nach Kräften zu unterstützen, wirft das auch ein schlechtes Licht auf diejenigen Glaubensbrüder und -schwestern, die zurückgeblieben sind, um sich um den Garten zu kümmern.

Eine Splittergruppe, die nationale Berühmtheit erlangen konnte, ist die Lohberger Brigade, benannt nach einem Stadtteil von Dinslaken. Ihr

▾ Stilleben mit den Highlights des Dinslakener Stadtbildes

werden rund zwei Dutzend Extremisten zugerechnet, darunter freundliche Charaktere, die sich für den IS als Folterknechte und Henker engagiert haben. Ebenfalls bestehen direkte Verbindungen zu den Terroristen, die das Massaker im Pariser Bataclan-Theater (2015) zu verantworten haben. Liebevolle Nachbarn, die interessierte Besucher sicher zu schätzen wissen. Auch hier gilt: Bonuspunkte gibt es für das Tragen einer Kippa.

Mittlerweile haben sich die Aktivitäten der Salafisten in Hinterhof-Moscheen und ins Netz verlagert. Aufsehenerregende Aktionen wie die Scharia-Polizei, deren Patrouillen durchs mondäne Wuppertal nur von geringem Erfolg gekrönt waren, gehören wohl der Vergangenheit an. Rekrutiert wird nun in sozialen Medien und im Knast, wo sich die salafistische Gefangenenhilfe ganz liebevoll um die (meist natürlich völlig zu Unrecht) Inhaftierten kümmert. Daraus erwachsen salafistische Familien, die sich Schritt für Schritt ihre Parallelgesellschaft aufbauen. Mit dem Ergebnis, dass ein Ausstieg aus dem Extremismus nahezu unmöglich wird – und ein Anschlag wie auf den Berliner Weihnachtsmarkt wohl kein Einzelfall bleiben wird.

FAZIT: Dinslaken liegt nördlich von Duisburg am Rande des dicht besiedelten Ruhrgebiets, das dort langsam in den ländlichen Raum übergeht. Doch Lohberg ist nur einer von vielen Orten, an denen die Salafisten-Szene besonders aktiv ist. Auch in Mönchengladbach, Dortmund, Wuppertal und Bonn häufen sich die Einzelfälle. Komisch, dass alle diese Städte in NRW liegen. Das muss ein Zufall sein.

Wer jedoch keine Lust verspürt, ins Ruhrgebiet zu reisen, oder schlicht nicht reisefähig ist, dem bietet sich die Option, die Dschihadisten kommen zu lassen. Ähnlich wie beim Pizzadienst kann man den geistig Verwirrten mit seinem Krummschwert einfach nach Hause bestellen. Um die eigene Wohnung zum Schauplatz des Kulturkampfes zu machen, genügt die Verbreitung einer Karikatur des Propheten – unsere dänischen Nachbarn können davon ein Lied singen.

GIFTFISCH

NORDSEEKÜSTE, SCHLESWIG-HOLSTEIN/NIEDERSACHSEN

SPANNUNG **GEFAHR** **FAMILIENFREUNDLICHKEIT**

Deutschland ist randvoll mit giftigen Tieren. Leider befinden sich die meisten von ihnen hinter dickem Glas. Geht es um Schlangen und Skorpione, so ist eine heroische Befreiungsaktion selbst von Peta nicht zu erwarten. Solange der Tierpfleger im Zoo Ihres Vertrauens nicht schludert und seinen Taranteln ungeplanten Auslauf gewährt, ist es eine echte Herausforderung, in Mitteleuropa einem giftigen Tier auch nur zu begegnen – aber nicht unmöglich.

Wer an dieser Stelle auf Spinnen tippt, ist jedoch auf dem Holzweg. Zwar gibt es die heimischen Kreuzspinnen, doch deren Biss ist unproblematisch und schlimmstenfalls so schmerzhaft wie ein Bienenstich. Wer sich länger in stehenden Gewässern auffällt, trifft womöglich auf eine Wasserspinne, in Wald und Wiesen lauert der Ammen-Dornfinger, doch selbst dessen Biss ist allenfalls »medizinisch relevant« – Todesfälle sind keine bekannt, die schwersten Reaktionen auf einen Biss ähneln einem grippalen Infekt, der bereits nach einem Tag wieder abklingt. So was kann das Gartenfest ruinieren, doch für eine Meldung in der Zeitung reicht es nicht.

Ähnlich ist das Ergebnis, wenn man mit einem Feuersalamander kuschelt, sich von einer Spitzmaus beißen lässt oder an einer Gelbbauchunke leckt – mehr als ein Gespräch beim Arzt und ein bizarres Formblatt zur Belustigung der Krankenversicherung sind nicht zu erwarten. Doch gibt es keinen Grund zur Verzweiflung, denn die Lösung liegt nahe, präziser gesagt auf dem Grund der Nordsee.

RACHE IST SÜẞ BZW. SALZIG – WENN MAN DEN GIFTFISCH EINFACH AUFISST.

In Küstennähe und relativ flachen Gewässerzonen ist ein barschähnlicher Fisch mit dem Namen Petermännchen heimisch. Eine Spezies ohne Sex-Appeal – die Augen liegen an der Oberseite des Kopfes, die Mundwinkel hängen herab wie bei einer schlechten Karikatur. Doch das alberne Aussehen täuscht über die Gefährlichkeit dieses rund 15 Zentimeter langen Fisches hinweg, denn er gilt als das einzige Gifttier in der Nordsee, die leider weder Steinfisch noch Seeschlange zu bieten hat.

(Un-)glücklicherweise überschneiden sich Lebensraum von Männchen und Petermännchen, denn letztere graben sich bevorzugt im Sand der Flachwasserzone ein und warten dort auf vorbeischwimmende Beutetiere. Besonders aussichtsreich für eine unheimliche Begegnung sind die Stunden rund um das Niedrigwasser. Wer dann im Meer herumtollt oder im flachen Wasser spazieren geht, hat die besten Chancen, auf die Stacheln der Rückenflosse zu treffen, über die das Gift injiziert wird. Zumeist in den Fuß, gelegentlich in die Hand, seltener, aber dafür lustiger, ins Gesäß.

Der erste Schmerz wird als vergleichsweise harmlos beschrieben – wie ein Tritt auf einen spitzen Stein –, doch schwillt der Bereich um die Einstichstelle nach wenigen Minuten derart an, dass Tränen fließen werden. In den meisten Fällen bleibt es bei den Symptomen, die man auch von einem Insektenstich kennt. Das Gift ruft im menschlichen Körper eine starke Histamin-Ausschüttung hervor, deren Wirkungsspektrum allen Allergikern bestens vertraut sein dürfte.

Gelegentlich aber gesellen sich Herz-Rhythmus-Störungen, Schwächeanfälle oder Bewusstlosigkeit hinzu – unangenehm an Land, denkbar unpraktisch zu Wasser. Auch auf jene, die sich zurück ans Ufer schleppen, warten Komplikationen, allen voran ein unappetitlicher Wundbrand. Doch keine Sorge: Diesen kann man mit Amputationen oder einer Therapie mit lebenden Maden behandeln. Praxistipp zur ersten Hilfe: Das Gift gilt als wärmeempfindlich – vielleicht tut sich ja spontan eine auf 37 Grad vorgewärmte Quelle auf.

Als erster Verteidigungsring gegen Petermännchen empfehlen sich Riffschuhe – und zwar die mit dicker Sohle, denn dünne Gummisohlen sind für die Stacheln kein Hindernis, sondern eine willkommene Herausforderung. Die zweite, weit effektivere Verteidigungsstrategie besteht darin, einen Ring zwischen sich und das Meer zu ziehen und einfach woanders Urlaub zu machen.

FAZIT: Wer dem Petermännchen zeigen möchte, was eine Harke ist, kann es einfach auffressen. Der Fisch ist üblicher Bestandteil der Bouillabaisse. Wer ihn jedoch live und in action erleben will, macht sich auf an die Nordseeküste und geht im seichten Wasser spazieren. Wer den gut getarnten Fisch trotz mühevoller Suche nicht findet, kann das Erlebnis immerhin simulieren, indem er das macht, was Hunderte andere Strandbesucher auch tun, und auf eine verborgene Glasscherbe treten.

▾ Was für ein Barschgesicht!

CANYONING

SAXETBACH, WILDERSWIL, BERN

SPANNUNG 4/5 **GEFAHR** 3/5 **FAMILIENFREUNDLICHKEIT** 2/5

Zwischen den Gipfeln südlich des Thuner Sees fließen 22 Bergbäche zusammen. Sie bilden den Saxetbach, einen Gebirgsbach wie Tausende in der Schweiz, der sich durch eine enge Felsschlucht seinen Weg Richtung Wilderswil bahnt. Dort fließt er mit der Lütschine zusammen, die sich kurz darauf bei Interlaken in den Brienzer See ergießt.

Berühmtheit erlangte der Saxetbach aus den völlig falschen Gründen, denn hier ereignete sich 1999 das bislang schwerste Canyoning-Unglück in der Schweizer Geschichte. Beim Canyoning gilt es, sich mit Klettern, Springen, Rutschen, Tauchen und Schwimmen in einer Felsschlucht hinabzubewegen. Da sich die ganze Nummer im Gebirge abspielt und die Bäche sich auch von der Schneeschmelze nähren, ist das Wasser trotz dickem Neoprenanzug nur wenige Zentimeter warm.

Vorteil: Man ist so nah an der Natur, wie es nur geht. Dort, wo sonst niemand hinkommt. Nachteil: Hat man eine Tour erst einmal begonnen, gibt es im Regelfall kein Zurück – schließlich wurden die Felswände über Jahrtausende glattgeschliffen. Es ist eine Extremsportart, die sich schon damals größter Beliebtheit erfreute. Die Nähe zu Europas »Adrenalin-Hauptstadt« Interlaken sorgte für einen steten Strom begeisterter Kunden, bis zu 500 wurden an einem Tag durch die Schlucht geführt.

An einem Sommernachmittag im Jahr 1999 wurden hier, im Saxetbach, 45 Sportler und acht Guides von einer Flutwelle überrascht, 21 überlebten das Unglück nicht. Die eigentliche Schlucht im Saxetbach ist lediglich rund 100 Meter lang, doch unglücklicherweise hielt sich ein Teil der Gruppe zur exakt falschen Zeit an genau dieser Stelle auf, wo es faktisch keine Fluchtmöglichkeiten gibt.

Wie so oft stellte sich später heraus, dass diese Katastrophe hätte vermieden werden können. Kurz vor dem Ausflug hatte es in der Nähe ein schweres Gewitter gegeben – allein schon Grund genug, die Expedition abzubrechen. Da der Regen aber alsbald nachließ, entschieden sich die Tourguides – trotz schwarzer Wolken am Himmel – dennoch, in den Saxetbach einzusteigen. Ein verhängnisvoller Fehler, denn sie wurden nach einer Viertelstunde von einer Flutwelle überrascht, die sich den Berg hinabgearbeitet hatte. Die schmutzig-braune Lawine führte nicht nur genügend Wasser mit sich, um den Bach in Augenblicken um zwei Meter anschwellen zu lassen, sondern auch reichlich Trümmer, Holz und Steine. Die Wucht der Flutwelle war dermaßen groß, dass einige Leichen erst im Brienzer See geborgen werden konnten.

BITTERE LEKTION, WENN AUCH NICHT NEU:

MIT UNWETTERN IST IN DEN BERGEN NICHT ZU SPAẞEN …

Dabei war schon damals kein Geheimnis, wie sehr sich Bergbäche im Allgemeinen und der Saxetbach im Speziellen innerhalb von Minuten in einen reißenden Strom verwandeln kann. 1987 kam es bei Wilderswil nach einem Unwetter zu einer großen Überschwemmung; bei den Kindern

▸ Zum Glück geht es nur um Canyoning und nicht Mustyoning.

▲ Nass, glitschig, eiskalt – wem's gefällt …

im Dorf war und ist es zudem beliebt, nach einem Gewitter zur Brücke zu laufen und auf die unvermeidbare Flutwelle zu warten – jedes Jahr mindestens einmal.

FAZIT: Wo ein Gebirgsbach fließt, ist auch Canyoning möglich. Für alle Lebensmüden reicht dazu ein Sprung ins eiskalte Wasser, wer neugierig ist, aber am Leben hängt, ist bei einer professionellen Agentur besser aufgehoben. Seit dem verheerenden Unglück im Saxetbach hat sich die Sicherheitslage deutlich verbessert; bereits Tage im Voraus wird das Wetter genau beobachtet, und die meteorologischen Vorhersagen sind noch einmal deutlich präziser geworden. Ebenso hat sich die Sicherheitskultur weiterentwickelt. Allerdings: Exakt elf Jahre nach dem verheerenden Unglück kam es im Saxetbach wieder zu einem Unfall – einer der Tourguides rutschte ab und stürzte auf einen Felsblock, konnte aber zum Glück geborgen werden.

SUIZIDALE IMPOTENZ

BUNDESWEHR

SPANNUNG | GEFAHR | FAMILIENFREUNDLICHKEIT

Sowohl in Österreich als auch in der Schweiz sind schwere Demokratiedefizite zu beobachten, die sich in jüngerer Vergangenheit intensiviert haben. Quell des Übels ist, dass beide Staaten ihre jeweilige Bevölkerung alle paar Jahre zu Wahlen bitten; in der Schweiz sogar noch regelmäßiger zu Volksentscheiden aller Art.

Die Crux dabei: Diese Wahlen sind frei und geheim – womit sich jeglicher Kontrolle entzieht, ob denn das Kreuz an der richtigen Stelle gesetzt wurde. Und all das unter kompletter Missachtung kluger Ratschläge der großen Denker aus dem großen Nachbarland im Norden. Wenn das so weitergeht, ist zu befürchten, dass beide Alpennationen das deutsche Feuilleton in Zukunft gänzlich ignorieren, anstelle sich am Leuchtturm der Zivilisation und Demokratie – Berlin – zu orientieren. Das wäre ein nicht haltbarer Eingriff in die deutsche Pressefreiheit, der nach einer durchgreifenden Demokratisierungsoffensive schreit. Deutschlands Sicherheit wird schließlich nicht nur, aber auch im Salzkammergut verteidigt.

Allerdings: In näherer Zukunft ist nicht zu erwarten, dass die Bundeswehr mobilisiert wird. Nicht, weil der Wunsch fehlt, sondern weil sie schlicht nicht einsatzbereit ist. Rund die Hälfte der Kasernen ist nicht bewohnbar. Neue Panzer sind bei Lieferung nur zu einem Drittel einsatzbereit, bei neuen Transportflugzeugen ist es die Hälfte. Stets sind zwischen 30 und 70 Prozent der Maschinen defekt; vorläufiges Highlight war der Ausfall der Kampfflugzeuge vom Typ Eurofighter, als phasenweise nur 4 von 128 Flugzeugen einsatzbereit waren (und wenn sie denn fliegen, kollidieren). Gleiches bei den U-Booten, die nicht untergehen, und den Schiffen, die unter-

▸ Wer kennt das nicht? Kaum ist man vernünftig angezogen, zwickt die Blase.

DEU

gehen. Mittlerweile ist die deutsche Marine ähnlich schlagkräftig wie die schweizerische. Auch mangelt es an Munition und stellenweise überlebenswichtigem Equipment – Soldaten wurden bereits aufgefordert, ihre Sturmhauben zu teilen, wenn sie sie gerade nicht brauchen. Ein Gespenst geht um in der Bundeswehr – das Gespenst des Sturmhaubenkommunismus.

Zurückzuführen ist die Misere sowohl auf einen Personalmangel als auch die Bürokratisierung der Bundeswehr, die mittlerweile sogar die Bestellung von dringend notwendigen Ersatzteilen verhindert. Sicher waren viele Deutsche skeptisch, als mit Ursula von der Leyen erstmals eine Frau zur Verteidigungsministerin bestellt wurde, aber dass es ausgerechnet am Einkauf hapern würde, traf die Nation unvorbereitet.

Immerhin ist das Problem inzwischen erkannt, und erste konstruktive Lösungsansätze wurden umgesetzt. Für nur 650.000 Euro wurden

Umstands-Uniformen getestet, von denen nun schwangere Soldatinnen im Dienst ebenso profitieren wie feindliche Scharfschützen, die nun mit einem Schuss zwei Deutsche ausknipsen können, als auch die Fettsäcke im Dienst. Das Tragen von Frauenkleidern stellt mittlerweile für diese kein Problem mehr dar, denn die Bundeswehr setzt sich aktiv für sexuelle und religiöse Vielfalt ein, die selbstverständlich die eigentliche Stärke der Truppe darstellt – laut Ministerin sind Vielfalt (neudeutsch: Diversity) und Offenheit nun an der Spitze der Tagesordnung. Last, but not least muss die Bundeswehr natürlich familienfreundlicher werden, mit Teilzeitangeboten und umfassender Kinderbetreuung, die sich kümmert, wenn es beim Taliban wieder mal etwas länger dauert.

▾ Als subtiler Tribut an Siegfried und Roy wird dieser Helikopter »Tiger« gerufen. Wohl auch, weil beide nicht fliegen können.

FAZIT: Und wo ist nun die Gefahr? Wer nicht einsatzfähig ist, muss schließlich nicht in den Einsatz. Ganz einfach. Die deutsche Truppe hat durch ihre materielle Impotenz das erreicht, wofür sonst nur die russische Armee berühmt ist: mehr Tote in Friedenszeiten als im Krieg. Seit Jahren liegt die Zahl der Selbstmörder in der Bundeswehr zuverlässig über jener der im Einsatz ums Leben gekommenen Soldaten, gern auch um ein Vielfaches. Eskalieren wird die Situation freilich dann, wenn es mal zu ernsten Kriegshandlungen kommt, denn es bleibt zu bezweifeln, ob dem Russen die Zähne schlottern werden, wenn er einer Armee gegenübersteht, die zwar weder Waffe noch Munition hat, aber total divers ist. Retten wird uns nur die EU-Emissionsrichtlinie: Russische Panzer fahren wenig effizient mit Diesel und überschreiten die Grenzwerte für den Schadstoffausstoß in einem eklatanten Maße – eine Invasion wäre allein aus diesem Grund schlicht illegal.

PHOSPHOR

STRÄNDE VON USEDOM, MECKLENBURG-VORPOMMERN

SPANNUNG	GEFAHR	FAMILIENFREUNDLICHKEIT
2 von 5	4 von 5	5 von 5

Phosphor ist ein faszinierendes Element: Es tritt in vier verschiedenen Modifikationen auf. Je nachdem, wie sich die einzelnen Atome verbinden, erhält man weißen, roten, violetten oder schwarzen Phosphor – jeweils mit vollkommen unterschiedlichen Eigenschaften. Für den Menschen am gefährlichsten ist dabei der weiße Phosphor, weil: Giftig.

Umso erfreulicher ist, dass am Grund der Ostsee rund 300.000 Tonnen phosphorhaltiger Munition liegen und auf eine bessere Zukunft warten. Zum einen wurden geschätzt 4.000 Brandbomben über der Ostsee abgeworfen, zum anderen vermutet man bis zu 80 Prozent der Nazi-Chemiewaffen auf deren Meeresgrund. Anders als erhofft wurden sie jedoch nicht in tieferen, küstenfernen Wasserzonen entsorgt, sondern – weil die Kapitäne pro Lieferung bezahlt wurden – am nächstbesten Punkt über Bord geworfen. Das rächte sich in den nachfolgenden Jahrzehnten.

Allein in Deutschland wurden seit dem Weltkrieg über 150 Tote und 250 Verletzte durch Munitionsreste erfasst; die Dunkelziffer dürfte noch einmal so hoch liegen.

Die letzten Todesfälle durch Munitionsreste liegen mittlerweile Jahrzehnte zurück, doch zu Verletzungen kommt es umso regelmäßiger. Simple Erklärung: Explosionskörper sind in der Ostsee »allgegenwärtig«. So wird durch Stürme immer wieder weißer Phosphor an den Stränden freigespült; unglücklicherweise ähnelt er in diesem Zustand edlen Bernsteinen. Gerät der Phosphor in Kontakt mit der menschlichen Haut, ruft er sofort brennende Wunden hervor. Schlimmer noch: Ist das Zeug ausgetrocknet, entzündet es sich spontan und verbrennt bei stattlichen Temperaturen von 1.300 Grad Celsius lichterloh. Dies musste auch eine Urlauberin erfahren, die sich vermeintlichen Bernstein als Souvenir in ihre Jackentasche gepackt hatte. Fun Fact: Ein Phosphorbrand lässt sich mit Wasser nicht löschen – bestenfalls mit Sand ersticken.

FAZIT: Schwerpunktgebiete für Munitionsreste, die unbewacht am Strand liegen, sind die Pommersche Bucht und die Insel Usedom. Ein konkreter Plan, wie man mit ihnen umgehen soll, existiert nicht. Sprengen? Entsorgen? Zu welchem Preis?

Und da wird es für alle interessant, die nicht länger auf ihr Erbe warten mögen: Dass die Schwiegermutter auf der beliebten Sonneninsel Urlaub gemacht und beim Strandspaziergang Bernstein gefunden hat, ist schließlich auch vor einem skeptischen Richter glaubwürdig zu vertreten. Vorsicht ist beim Umgang mit Phosphor allerdings geboten – nicht nur ist er giftig, sondern aus gutem Grund auch massenweise in der Weltkriegsmunition verbaut worden.

▼ Brandgefährlich: unbewachter Phosphor in Reichweite neugieriger Kinder

▾ Was für ein wundervoller Ort, um Kriegswaffen zu versenken!

KUHANGRIFF

PINNISTAL, TIROL

SPANNUNG ●●○○○ **GEFAHR** ●○○○○ **FAMILIENFREUNDLICHKEIT** ●●●●○

Die Urlaubsplanung steht an. »Ich will Kühe!«, heißt es dann, und schon beginnen die Probleme. Denn entgegen der landläufigen Vorstellung sind Almen keine Streichelzoos, wo Kühe nur darauf warten, von entzückten Wanderern geherzt zu werden.

Eine Statistik, die in diesem Zusammenhang immer wieder bemüht wird, ist die, dass jedes Jahr mehr Menschen von Kühen getötet werden als von Weißen Haien. Doch nicht alles, was hinkt, ist auch ein Vergleich, schließlich hüpfen nur wenige Menschen in das Revier Weißer Haie in der Hoffnung, ein wenig mit ihnen kuscheln zu können. Bei nüchterner Betrachtung der Zahlen sieht es für die Reputation des Rindviehs nämlich gar nicht so schlecht aus: Auf jährlich drei Millionen Wanderer kommen etwa in Österreich durchschnittlich 5,4 dokumentierte Zwischenfälle mit Kühen, die nur in extremen Ausnahmefällen tödlich enden.

Der Fall, der die Diskussion zu vermeintlich streitsüchtigen Kühen neu aufleben ließ, spielte sich im Tiroler Pinnistal ab, ein Nebenzweig des Stubaitals bei Neustift. Wie in weiten Teilen der österreichischen Alpen ist auch hier die Almwirtschaft üblich. 2014 kam jedoch bei einer Attacke einer ganzen Kuhherde, die zuvor durch Hunde aufgescheucht worden war, eine Wanderin zu Tode. Bei solchen Fällen stehen sofort sechsstellige Schadensersatzforderungen im Raum, die für die Landwirte existenzbedrohend sein können (zumal Hunderttausende Kühe auf den Almen stehen). Standen genügend Warnschilder bereit? Kann ein Eigenverschulden ausgeschlossen werden? Wurden unverzüglich die Bullen gerufen?

Es scheint, als wären Kühe in den vergangenen Jahren in der Tat wieder ein wenig »verwildert«. Mit dem Trend weg von der Milch- und hin zur Fleischwirtschaft verbringen Mutterkühe mehr Zeit im Freien mit ihren Kälbern, die sie selbstredend mit allen Mitteln verteidigen. Zum anderen wird auch dieser Zweig der Landwirtschaft Stück für Stück automatisiert, sodass die Kühe schlicht weniger an den Kontakt mit Menschen gewöhnt sind.

BONUSPUNKTE GIBT ES FÜR ALLE, DIE ERFOLGREICH EINEN ZUCHTBULLEN PROVOZIEREN.

Nichtsdestotrotz sind im Grunde sämtliche Kuhangriffe vermeidbar, denn die Tiere sind keinesfalls angriffslustig – allenfalls neugierig, insbesondere in jungen Jahren. Die Hauptursache für aggressives Verhalten ist und bleibt der Mensch, der Kühe nur aus dem Fernsehen kennt – vorzugsweise in Lila – und mit angemessenen Verhaltensweisen nicht vertraut ist. Und, wie so oft, ist auch der Begleiter des Menschen das Hauptproblem: Kühe können sich von Hunden schnell bedroht fühlen, und wenn Herrchen am anderen Ende der Leine festhält, kann dies für ihn in schmerzhaften Tritten und Stößen münden. Daher muss die Frage gestattet sein, ob Fido wirklich bei der Besteigung des Großglockners mittrotten muss.

FAZIT: Kühe sind an sich nicht aggressiv, aber wenn man ein bisschen Reizklima schafft und die richtigen Signale setzt, lassen sie sich erfreulich leicht aus der Reserve locken: Wer sich an die – übrigens mit miserabler Sicht ausgestatteten – Paarhufer anschleicht (idealerweise von hinten), hat schon einmal einen guten Grundstein für eine Auseinandersetzung gelegt. Dann noch den Hund auf ein Kalb loslassen – schon eskaliert die Lage und der Weg zum lukrativen Schadensersatzprozess ist schon halb geschafft.

Es ist kein Geheimnis, dass im gesamten Alpenraum Kühe auf den Bergen weiden. Das Pinnistal ist daher nur ein Ort unter vielen, an denen man sein Unglück versuchen kann, aber wohl einer der malerischsten – und das noch in direkter Nähe von Innsbruck. Von dort aus ist es ein Leichtes, bis nach Neustift im Stubaital zu gelangen – Ausgangspunkt zahlreicher Wanderungen mit und ohne Kuh-Kontakt.

▾ Rinder, was für ein Wahnsinn!

Wenn die Kühe nicht aggressiv sind, kann man immer noch im Kuhfladen ausrutschen und in den Elektrozaun fallen.

MASERN

PRENZLAUER BERG, BERLIN

SPANNUNG ●●○○○ **GEFAHR** ●○○○○ **FAMILIENFREUNDLICHKEIT** ●●●●○

Nach schweren Verkehrsdelikten steht das an, was in der Fachsprache »Medizinisch-Psychologische Untersuchung« genannt wird – sprich: der gute alte Idiotentest, der diejenigen aussieben soll, die zu doof sind, geradeauszufahren. Ein Äquivalent dazu, wenn auch nicht staatlich organisiert, gibt es beim Geschlechtsverkehr: Es kommt in Form einer Masern-Impfung. Die dazugehörige Schlüsselfrage lautet, ob man sein Kind (und damit indirekt auch andere Kinder) mit einer Immunisierung gegen eine schwere Krankheit schützen möchte oder ob man lieber das Risiko bevorzugt, seinen Nachwuchs in jungen Jahren zu beerdigen.

Doch beginnen wir beim Anfang: Bei den Masern handelt es sich um eine hochansteckende Virenerkrankung, die überwiegend, aber keineswegs ausschließlich Kinder befällt. Neben den allseits bekannten Symptomen Fieber und Flecken kann sie zu lebensbedrohlichen Komplikationen führen, allen voran in Lunge und Hirn. Seit 1964 gibt es die Möglichkeit, sich gegen diese Krankheit impfen zu lassen. Die Weltgesundheitsorganisation hofft seither, die Masern – genau wie die Pocken – ein für alle Mal ausrotten zu können. Ein wesentlicher Teilerfolg wurde dabei bereits erzielt, denn die Fallzahlen sind seit den Achtzigerjahren weltweit um über 95 Prozent geschrumpft.

Doch noch immer sterben weltweit Tausende Menschen an dieser vermeidbaren Krankheit, selbst mitten in Europa kommt es immer wieder zu Ausbrüchen mit Todesopfern. Viele Menschen haben immer noch keinen Zugang zu medizinischer Versorgung, oft fehlt schlicht das Geld, und manche sind halt einfach doof.

TRENDIGE GESCHÄFTSIDEE FÜR EIN HIPPES START-UP DER BERLINER GRÜNDERSZENE: NACHHALTIG PRODUZIERTE KINDERSÄRGE AUS ÖKOLOGISCHER FORSTWIRTSCHAFT

1998 veröffentlichte ein britischer Chirurg eine Studie, mit der er nachweisen wollte, dass es einen Zusammenhang zwischen Impfungen und Autismus gebe. Zwar waren seine Daten gefälscht und er von mehreren Millionen von Autismus-Opfern bezahlt, aber der Schaden war angerichtet – bis heute hält sich der Aberglaube, die Schäden durch Impfungen seien größer als deren Nutzen. Besorgte Muttis hadern mit dem Gang zum Arzt, weil irgendein Mami-Blog behauptet, die böse Pharma-Industrie wolle nur Angst schüren, um mit Impfungen Geld zu machen, die dann doch nur zu Komplikationen führten. Damit fehlt nicht nur einzelnen Kindern der Schutz, sondern es fehlt auch die Herdenimmunität, womit das Risiko für diejenigen steigt, die nicht geimpft werden können, wie frischgeborene Babys.

Heute sind die Masern meldepflichtig, weshalb Ausbrüche genau nachverfolgt oder gar gestoppt werden können. In Klagenfurt wurde 2019 kurzerhand der gesamte Nahverkehr eingestellt, weil ein Busfahrer erkrankt war. In Deutschland liegt ein Hotspot für Infektionen in – wo sonst – Berlin, genauer gesagt im Stadtteil Prenzlauer Berg, dem alternativen Szeneviertel mit linksalternativer Prägung, wo man grünen Strom bezieht und »bio« isst, wenn man nicht exkommuniziert werden möchte. Dort mehrt sich Jahr für Jahr die Zahl an Impfkritikern, die das Argument bemühen, allen ihren Kindern, die die Jungend überlebt hätten, ginge es auch ohne Impfungen blendend. Masern seien »natürlich«, Impfungen »unnatürlich« und damit Teufelszeug.

Folglich liegt die Impfquote in Prenzlauer Berg nicht nur deutlich unter der anderer Stadtteile, sondern es finden sogar Masernpartys statt, auf denen Kinder sich gegenseitig infizieren sollen mit dem, was als simple Kinderkrankheit verharmlost wird. Das hat man früher (versehentlich!) auch getan, und so hat man damals (versehentlich!) für einen steten Nachschub an Dorftrotteln gesorgt. Von denen gibt es in Berlin jedoch bereits genug.

FAZIT: In zahlreichen europäischen Ländern sind die Masern faktisch ausgerottet. Unter den wenigen Nationen mit unnötig hoher und auch steigender Infektionsrate liegen Deutschland, Österreich und die Schweiz. Ursache: Impfmüdigkeit und Impfgegnerschaft. Unter Medizinern ist die Sinnhaftigkeit der Masernimpfstoffe unumstritten – aber was wissen schon die Experten? Besser verlässt man sich auf einen naturnahen Bio-Blog, der die Verschwörung der Pharma-Riesen mit der jeweiligen Regierung lückenlos aufgedeckt hat! Und warum würde die Heilpraktikerin den Beitrag online stellen, wenn er nicht stimmen würde?

Wer bereits geimpft ist, hat von einem Besuch Prenzlauer Bergs – oder jedes anderen Hotspots – wenig zu befürchten. Alle anderen sollten Vorsicht walten lassen, sich nicht versehentlich bei anderen zu gentrifizieren.

▾ »Also, unser Justin-Nathaniel hat die Masern nur mit Globuli und fast ohne Schäden überstanden.«

Leute reisen an und bezahlen Geld, um Biotope wie Prenzlauer Berg aus der Nähe bestaunen zu können.

Wir backen
für Euch
frische Waffeln
hmmm

LAWINE

FÄRMELTAL, BERN

SPANNUNG	GEFAHR	FAMILIENFREUNDLICHKEIT
4 von 5	5 von 5	3 von 5

Auf halber Strecke zwischen Zweisimmen und Lenk liegt linkerhand der Eingang zum Färmeltal – in der Schweiz gleichermaßen berühmt wie berüchtigt als »gefährlichster Ort« der Nation. Der Ruf eilt dem idyllischen Tal voraus, da es keinen anderen Fleck im Lande gibt, der für verheerende Lawinen dermaßen prädestiniert ist; dies gilt insbesondere für den östlichen Teil des Tals.

Das Leben im Färmeltal ist seit Jahrhunderten von Naturgefahren geprägt. Nicht, dass es dicht besiedelt wäre: Es gibt lediglich ein paar Dutzend Häuser, aber jedes einzelne liegt in der »roten« Zone. In diesem (höchsten) Gefahrenbereich können abgehende Lawinen ein Gebäude komplett zerstören; Neubauten sind aus diesem Grunde überhaupt nicht mehr vorgesehen.

Zu verdanken hat das Färmeltal sein Image den geologischen Gegebenheiten. Das rund 9 Kilometer lange, sichelförmige Tal ist rundum von steilen Hängen umgeben. Den besten Schutz gegen die Wucht abgehender Schneemassen bieten die Flecken Wald, mit denen man jedoch in vergangenen Jahrzehnten nicht sonderlich sorgsam umgegangen ist.

Im Färmeltal sieht man dem Risiko allerdings tiefenentspannt entgegen. Einige Häuser sind architektonisch gegen Lawinen geschützt, zudem gibt es einen großen Schutzraum, der genügend Platz für alle Einwohner bietet. Bei Lawinenwarnstufe 4 – akuter Gefahr – kommt das Leben im Färmeltal zum Erliegen. Die Zufahrtsstraße wird gesperrt, der Handel eingestellt, besagter Schutzraum aufgesucht – bis der Spuk nach einigen Tagen wieder vorüber ist.

DER GLAUBE KANN BERGE VERSETZEN.

LAWINEN ALLERDINGS AUCH.

IN IHRER KRAFT STEHEN SIE EINEM AUSGEWACHSENEN WIRBELSTURM IN NICHTS NACH.

Für den wahnsinnigen Reisenden ist das Färmeltal damit ein Must-see – es kommt aber auf das richtige Timing an. Wenig überraschend werden schweizweit die meisten Lawinenabgänge im tiefsten Winter registriert; fast 40 Prozent allein im Februar. Von den abrutschenden Schneemassen gehen dabei zwei Gefahren aus: Zum einen ist es möglich, von ihnen erfasst und begraben zu werden – unter Tonnen von Schnee, ohne Frischluftzufuhr, bei frostigen Temperaturen. Wer in diesem Szenario nach zwei Stunden nicht gerettet ist, hat nur noch verschwindend geringe Überlebenschancen. Dazu gesellt sich aber noch die Wucht eines Lawinenabgangs: Große Staublawinen erreichen bis zu 300 Kilometer pro Stunde auf ihrem Weg ins Tal. Sie schieben gigantische Mengen an Luft vor sich her, hinter ihnen entsteht ein entsprechender Sog. Die Kräfte, die dabei entstehen, sind mit denen eines ausgewachsenen Wirbelsturms vergleichbar – sie können Häuser zerstören und Menschen ersticken.

FAZIT: Wer die ursprüngliche, echte Schweiz sucht, ist im Färmeltal bestens aufgehoben. Das

Risiko bei einem Besuch in den Sommermonaten ist überschaubar – interessant wird es im tiefsten Winter, wenn sich der Neuschnee nicht mehr halten kann und leichtsinnige Skifahrer oder Schneeschuhwanderer anzieht, die abseits der Massen im Tiefschnee unterwegs sein wollen. Und wer wollte nicht immer schon wissen, ob wirklich ein Bernhardiner mit Schnapsfass dahergetrottet kommt, um einen zu retten?

Die Anreise bis zum Färmeltal ist mit öffentlichen Verkehrsmitteln möglich – der Zug hält in Matten, wo die Straße aus dem Obersimmental abzweigt. Von dort geht es aber nur mit dem Auto, dem Fahrrad oder den eigenen Füßen weiter.

▾ Wenn's so ausschaut, ist's eigentlich auch schon zu spät. Aber die Witwe kann die Bildtantiemen gut gebrauchen.

▾ Im Sommer kommen gilt nicht!

FEINSTAUB

S-BAHN-STAMMSTRECKE, STUTTGART, BADEN-WÜRTTEMBERG

SPANNUNG	GEFAHR	FAMILIENFREUNDLICHKEIT
1 von 5	1 von 5	3 von 5

Ein Thema, das in aller Munde und Nase ist: Feinstaub. Obwohl es sich bei Feinstaub mitnichten um ein frisches Forschungsobjekt handelt, bekommt es erst seit einigen Jahren vermehrt Aufmerksamkeit – allen voran durch geradezu apokalyptische Schlagzeilen, die von mehreren

Tausenden, wenn nicht gar Zehntausenden Toten durch Luftverschmutzung allein in Deutschland sprechen.

Besonders betroffen von der Verschmutzung scheint die Großstadt Stuttgart – nicht nur wegen des dichten Verkehrs, sondern auch wegen ihrer Geografie in einem Talkessel, die Wetterlagen begünstigt, in denen die Stadt ihren eigenen Smog immer weiter verdichtet. Als geradezu legendär gilt die Messstelle am Neckartor – sie ist deutschlandweit etabliert als der Inbegriff für schlechte Luft und damit qualvolle Gebrechen.

Allerdings: Wer am Feinstaub am Neckartor zugrunde gehen möchte, sollte sich besser einen Klappstuhl und etwas zum Lesen mitbringen. Damit sich die Folgen der Exposition bemerkbar machen, braucht es einen langen Atem.

Dies hat mehrere Gründe: Zum einen ist nicht klar, ob die Belastung so stark ist wie kolportiert. Die Messtechnik ist nicht so präzise, wie es zu wünschen wäre: An einer belebten Straße können einige Meter darüber entscheiden, ob Grenzwerte erreicht werden oder nicht. Die EU empfiehlt daher Mindestabstände zu Straßen, Kreuzungen und Gebäuden, die in Deutschland regelmäßig ignoriert werden – was eine Vergleichbarkeit der Daten mit anderen Nationen faktisch unmöglich macht. Zudem sind die Ausschläge an den Mes-

▾ Tunnelblick

sungen extrem: Wer einmal in den eigenen vier Wänden eine toxische Feinstaubkonzentration erleben möchte, zündet ein Teelicht an, wirft den Staubsauger an, schält eine Zitrusfrucht und lässt zur Sicherheit noch einen fahren. Wer seine Nachbarn vergiften möchte, zündet noch ein paar Holzscheite im Kamin an.

Zum anderen ist Feinstaub nicht gleich Feinstaub. Dieser kann auch natürlich sein: Unter Pollen leiden zwar Millionen Allergiker, aber tödlich wirken sie nicht und ein Pollenverbot ist auch nicht in Sicht. Große Mengen stammen tatsächlich aus der Landwirtschaft. Auch der Verkehr leistet seinen Beitrag: Hauptquelle für Feinstäube ist dabei der Abrieb der Reifen, nicht der Verbrennungsprozess. Selbst ein Fahrrad trägt in geringem Maße zur Belastung bei – sein Abrieb ist »schlimmer« als ein moderner Automotor. Reifen, die ein Profil hatten und irgendwann keines mehr haben, haben sich dann erfolgreich in Luft aufgelöst.

Darüber, ob und wie sehr diese Feinstäube für den Menschen gefährlich sind, wird nach wie vor fleißig debattiert. Hochproblematisch sind die häufig getroffenen Aussagen, x-tausend Menschen würden an der Belastung (vorzeitig) sterben. Diese Behauptungen basieren auf statistischen Modellrechnungen, die von einer Korrelation auf eine Kausalität schließen, ohne das medizinische Fachwissen oder tatsächliche Fallzahlen adäquat zu berücksichtigen. So lässt sich beispielsweise ein besonders erhöhtes Gesundheitsrisiko für Menschen ableiten, die in der Abluft eines China-Restaurants hausen.

TREPPENWITZ: DIE MIT ABSTAND MEISTEN EMISSIONEN VERURSACHEN HOLZ- UND PELLETHEIZUNGEN UMWELTBEWUSSTER MITMENSCHEN, DIE NACHHALTIG HEIZEN WOLLEN. SCHADE, DASS EINEN DER ZEITGEIST ALLEINE NICHT WARM HÄLT.

Eine andere Herangehensweise haben die Toxikologen, die die Zusammensetzung des Feinstaubs kennen müssen, um ihn zu bewerten. In der Toxikologie zeigt sich immer wieder, dass Substanzen unterhalb eines Grenzwertes für den menschlichen Körper unschädlich sind. Anders ausgedrückt: Solange ein ermittelter Grenzwert nicht überschritten wird, ist beispielsweise ein wenig Dioxin nicht ein wenig giftig, sondern gesundheitlich unbedenklich, also schlicht irrelevant. Zu den Stoffen, die für den menschlichen Körper jedoch schnell schädlich sind, zählen viele nicht organische Stäube – und dafür gibt es in Stuttgart eine Quelle, die wesentlich effektiver ist als die Kreuzung am Neckartor. Sie liegt wenige Meter darunter in der Stuttgarter Stammstrecke.

Diese ist der längste S-Bahn-Tunnel Deutschlands und hat, wie alle vergleichbaren Bauten, eine zwangsläufig eingeschränkte Belüftung. Was hier an Feinstaub entsteht, kann sich prächtig ansammeln und sorgt dafür, dass Grenzwerte quasi sicher gerissen werden. Im Takt weniger Minuten rollen S-Bahnen heran, die Zug für Zug zum Abrieb der Metallgleise beitragen. Das metallische Kreischen kommt nicht von ungefähr. Zudem kommt Quarzsand zum Einsatz, der vom Waggon auf die Schienen gestreut wird, um die Reibung zu erhöhen, etwa bei Nässe (im Tunnel selten), starker Neigung oder kräftigen Bremsmanövern. Sowohl Metall als auch Sand produzieren relativ groben Feinstaub, der nicht in den Kreislauf gelangt, sich aber bestens in der Lunge ansammeln kann.

FAZIT: Wer am Feinstaub am Neckartor zugrunde gehen möchte, sollte besser seinen Klappstuhl und sein Buch mitnehmen und zur S-Bahn hinabsteigen. Wie überirdisch gilt auch unterirdisch, dass viel, sehr viel Geduld gefragt ist, bis sich die dicke Luft gesundheitlich bemerkbar macht. Eine Garantie gibt es dafür jedoch nicht, wie die Tausenden Beschäftigten der Verkehrsbetriebe, die sich im Alter bester Gesundheit erfreuen, bestätigen.

SPUK

GOTTHARD-SANATORIUM, PIOTTA, TESSIN

SPANNUNG	GEFAHR	FAMILIENFREUNDLICHKEIT
5 von 5	1 von 5	3 von 5

Im Jahr 1905 öffnete das Gotthard-Sanatorium seine Pforten. Zu einer Zeit, in der die Tuberkulose mit rund einem Viertel aller Todesfälle die gefährlichste Krankheit stellte, galt frische Höhenluft als die beste Medizin. Die Berge oberhalb des Dorfes Piotta im Tessin schienen wie gemacht für das moderne Spital. Im edlen Jugendstil gebaut, bot es auf fünf Etagen über siebzig Krankenzimmer – bis die Tuberkuloseklinik, die zwischenzeitlich auch als Militärhospital genutzt wurde, 1961 ihre Pforten schließen musste. Für immer.

Das Gebäude steht allerdings immer noch so da, wie es Mitte des vorigen Jahrhunderts verlassen wurde. Die meisten Fenster sind inzwischen zerbrochen, die Tapete hängt in Fetzen herab, der Putz blättert ab, alles ist von einer dicken Staubschicht bedeckt. Kurzum: Die Endzeitstimmung springt einem nur so ins Gesicht, weshalb es sich beim ehemaligen Gotthard-Sanatorium um den wohl beliebtesten *lost place* der gesamten Schweiz handelt. Der Verfall übt eine magische Anziehungskraft aus: Wo sonst lässt sich live beobachten, wie die Natur sich ihren Raum zurückerobert?

Dabei ist die Alpenrepublik für diese »modernen Ruinen« nicht prädestiniert – viel zu schnell wird abgerissen und bereinigt, was nicht mehr benötigt wird. Damit ist das Gotthard-Sanatorium eine seltene Ausnahme, denn trotz zahlreicher Ideen, wie man Gebäude und Grundstück sinnvoller nutzen könnte, thront es bis heute über dem Tal – und erinnert an das Hotel, das Stephen King zu seinem »Shining« inspirierte. Apropos Ge-

▾ Nur Arbeit und kein Spielen macht den Autor zu einem gelangweilten Jungen.

schichten: Nach der Schließung des Sanatoriums kursierten urplötzlich Horror-Storys: Angeblich habe man in den Kellern des Gebäudes ungesetzliche Experimente an Menschen durchgeführt. Beweise – oder auf nur nähere Infos – gibt es zwar keine, wohl aber kann man in ruhigen Nächten im Dorf die Schreie der gequälten Seelen hören, die in der Ruine ihr Unwesen treiben.

Darüber, ob es sich bloß um eine Ruine handelt oder doch ein Horrorhaus, gehen die Meinungen auseinander. Zu unheimlichen Begegnungen kann es im Sanatorium durchaus kommen, durch streunende Hunde oder aggressive Mitmenschen jedoch eher als durch Poltergeister. Wer auf Nummer sicher gehen möchte, sollte einen Blick in den ehemaligen Leichenkeller werfen – solange es noch geht.

FAZIT: Die Gefahren, die von einer Ruine ausgehen, sind nicht die verlorenen Seelen, sondern die Bausubstanz. Nach mehreren Jahrzehnten können Böden und Decken unangekündigt einbrechen, gleiches gilt für die Treppen. So manch ein urban explorer hat auf der Suche nach verlassenen Orten schon mehr Einsamkeit gefunden, als ihm lieb sein konnte.

Normalerweise gilt unter den Neugierigen, die die modernen Ruinen besuchen, ein Ehrenkodex. Die genauen Orte bleiben geheim, und genau wie beim Wandern in den Alpen gilt, dass man nichts mitnimmt außer Erinnerungen und nichts zurücklässt außer Fußspuren. Doch die Möglichkeit, sich wie ein moderner Indiana Jones zu fühlen, hat dem urban exploring zu einer Popularität verholfen, unter der dieser Ehrenkodex leidet. An Orten wie dem Gotthard-Sanatorium muss man also mit Gesellschaft rechnen.

Auf der Positivseite: Unkomplizierter als zum Gotthard-Sanatorium kann eine Anreise kaum sein. Einfach rein in den Privatjet und den Flugplatz Ambri-Piotta ansteuern. Für alle, die am Boden bleiben und sich lieber vom Chauffeur fahren lassen: Kurz hinter Airolo, dem ersten Ort nach dem Gotthardtunnel, liegt Piotta. In den Hängen nördlich des Dorfes befindet sich das Sanatorium am Ende einer kurzen Sackgasse (Via Piora).

SEILRISS

INTERLAKEN, BERN

SPANNUNG	GEFAHR	FAMILIENFREUNDLICHKEIT
5/5	1/5	1/5

Inspiriert von den Turmspringern Vanuatus entwickelte der neuseeländische Draufgänger AJ Hackett ein elastisches Sprungseil und stürzte sich testweise von den Brücken seines Heimatlandes. Zufrieden mit den Ergebnissen, folgte der Coup seines Lebens, bei dem er – selbstredend illegal – von der zweiten Etage des Eiffelturms hüpfte. Der Stunt gilt als die Geburtsstunde des kommerziellen Bungee-Springens, das von Neuseeland aus die Welt eroberte.

In den Neunzigerjahren gewann man Stück für Stück wertvolle Einsichten über das Springen

am Seil. Zum einen zeigte sich, dass es hilft, ein Seil zu verwenden, welches auch stark genug ist, um einen Sprung abzufedern, und es sowohl an der Absprungplattform als auch dem Springer zu befestigen. Dazu gesellten sich wichtige medizinische Erkenntnisse, etwa, dass die Extrembelastung von bis zu 3,5 G nach dem ersten Fall zu kuriosen Nebenwirkungen führen kann: Manch ein Springer erblindete temporär durch Schäden an der Netzhaut, selbst Schlaganfälle und Lähmungen wurden beobachtet. Der Marketing-Gag, nackte Adrenalinjunkies kostenlos springen zu lassen, konnte sich aus ähnlichen, medizinischen Gründen nicht durchsetzen: zu hoch die Grenzbelastung für empfindliches Gewebe. Frauen mit kapitalem Fleischbalkon, die einen Nacktsprung absolvieren, müssen damit rechnen, mit einer kapitalen Fleischterrasse wieder hochgezogen zu werden.

Als goldene Regel des Bungee-Springens etablierte sich jedoch, dass man ein Seil nehmen muss, das kürzer ist als die Sprunghöhe. Unglücklicherweise sprach sich dies nicht rechtzeitig bis in die Schweiz herum, wo im Jahr 2000 die exakt gleiche Firma, die im Vorjahr bereits 21 Menschen im Saxetbach ertrinken ließ, einen Bungee-Springer aus der Transportseilbahn von Stechelberg nach Mürren am 180-Meter-Seil auf den 100-Meter-Sprung schickte – mit absehbaren Folgen. Die Adventure-Firma wurde nach dem Vorfall übrigens aufgelöst.

▲ Wichtig für Frauen (und fette Männer): Vor dem Absprung den Sport-BH nicht vergessen!

FAZIT: Das Risiko, beim Bungee-Sprung ums Leben zu kommen, ist gering. Gute Aussichten bestehen dagegen auf eine Verletzung, zumal die Belastung höher ist, wenn man sich im freien Fall die Lunge aus dem Leib schreit.

Die Seilbahnen am Schilthorn bieten mittlerweile keine Bungee-Sprünge mehr an; vielleicht auch besser so, da die Seilbahn in der Schweiz den Ruf einer »Pannenbahn« genießt, unter anderem, da es 2004 zu einem Riss im Tragseil kam, was niemals hätte passieren dürfen. Die Fahrt mit der nahen Transportseilbahn lohnt dennoch, da es sich um die steilste Gondel der Welt handelt, die die Hunderte Meter hohen Felsen vor Mürren mit mehr als hundertprozentiger Steigung kühn überwindet. Fahrten mit ihr sind für Normalsterbliche nur möglich, wenn sich die normale Schilthornbahn in Revision befindet.

Eine passende Alternative bietet die Stockhornbahn in der Nähe von Spiez am Thuner See, aus der man sich 134 Meter in die Tiefe stürzen kann – mitten über einem Bergsee (falls was schiefgeht, weniger Sauerei). Ausgangspunkt ist der Ort Erlenbach im Simmental, der auch mit der Bahn erreichbar ist.

Kommt Ihnen bekannt vor? Kein Wunder, ist schließlich auch wieder das »Tal des Todes«.

ILLEGALES AUTORENNEN

PAGENSTECHERSTRASSE, OSNABRÜCK, NIEDERSACHSEN

SPANNUNG **GEFAHR** **FAMILIENFREUNDLICHKEIT**

Im Jahr 2001 kam der erste »The Fast & Furious«-Film weltweit in die Kinos. Es ist der erste Film einer erschreckend erfolgreichen Reihe, in der alle paar Jahre ein weiterer Abklatsch folgt, stets mit einem unterkomplexen Handlungsstrang, der ähnlich konsistent und sinnvoll ist wie der eines rumänischen Softpornos. Aber das ist völlig wurscht, denn mit überhöhter Geschwindigkeit in der Gegend herumzudriften, trifft offensichtlich einen Nerv beim Publikum. Als sich Hauptdarsteller Paul Walker 2013 dann im echten Leben als Beifahrer in einem Porsche mit 160 Kilometern pro Stunde gegen einen Baum wickelte, dachten sich auch in Deutschland viele Jugendliche: »Das will ich auch mal machen, wenn ich groß bin!«

Folglich hat heute jede Großstadt ihre Raser-Szene und jede Raser-Szene ihr Revier. Eines der legendärsten davon ist die Pagenstecherstraße in Osnabrück, eine vierspurige Ausfallstraße, die kurz nach der Jahrtausendwende für illegale Straßenrennen berühmt wurde – und das mit Tausenden Zuschauern! Insbesondere am zum »Car-Freitag« umgedichteten Feiertag vor Ostern kam und kommt es hier wie im Rest der Nation zu illegalen Autorennen.

▾ Na, wenn das mal keine Reise wert ist: Osnabrück.

Deutschlandweit etablierte sich die Tuning-Szene, in der die meisten solcher illegalen Straßenrennen stattfinden, in den Neunzigerjahren. Hier verliebt man sich in seine Autos, diskutiert über den Auspuff und genießt die sanfte Beschallung mit Gabber-Musik durch die selbst installierte 150-Dezibel HiFi-Anlage, Modell »Krakatau«. Es ist eine der Subkulturen, bei der man sich als Außenstehender bloß fasziniert wundern kann.

Und so läuft es in der Praxis: Jugendliche und Junggebliebene treffen sich an einer Tankstelle und verabreden sich zu einem spontanen wie illegalen Rennen. In Europa ist dabei das »Speedrunning« üblich, sprich: Wer zuerst von A nach B gelangt, gewinnt. Verunglückt jemand, verliert er automatisch. Nun möchte man meinen, dass sich einsame Landstraßen und verlassene Industriegebiete für derartige Scherze am ehesten anbieten, doch werden solche Rennen auch ganz bewusst in Innenstädten gefahren. Das erhöht die Chance, sich nicht nur selbst zu gefährden, sondern auch arglose Passanten, die bloß am Straßenrand stehen und auf die grüne Ampel warten.

Der Polizei sind solche Machenschaften natürlich bestens bekannt; so ergibt sich mit schöner Regelmäßigkeit ein Katz-und-Maus-Spiel. Einen illegalen Raser zu überführen ist jedoch leichter gesagt als getan, die Beweisführung erweist sich als komplex. Die Rennen sind schließlich vorbei, bevor die Polizei kommt – folglich ist clevere Prävention gefordert. Glücklicherweise kommt dabei die Technik zur Hilfe: Am modernen Bordcomputer lässt sich durchaus nachvollziehen, ob nur kurz für ein Überholmanöver beschleunigt wurde oder doch über einen längeren Zeitraum, um von der eigenen Impotenz abzulenken. 2019 wurden erstmals zwei Raser, die mit einem gestohlenen Audi auf dem Berliner Ku'damm in ein Taxi rasten und nachweislich Gefahr für Leib und Leben anderer in Kauf nahmen, wegen Mordes verurteilt. Schöne Ironie dabei: Bei der langen Haftstrafe im Männerknast werden sich mehr als genügend Gelegenheiten ergeben, bei denen sie am eigenen Leib erspüren können, wie es ist, wenn einem unerwartet jemand hinten reinfährt.

FAZIT: In Osnabrück versucht man mit viel Kreativität gegen derartige Veranstaltungen vorzugehen, etwa indem man alle bis auf eine Fahrspur schließt. Frühere Versuche mit Stahlschwellen am Boden trafen auch völlig unschuldige Fahrer, die ihr Auto nicht tiefergelegt hatten – dumm gelaufen. Ein bisschen Glück ist also gefragt, damit man an einem Autorennen – freiwillig oder unfreiwillig – teilnehmen kann.

KÄLTE

FUNTENSEE, BERCHTESGADEN, BAYERN

SPANNUNG	GEFAHR	FAMILIENFREUNDLICHKEIT

Hinter Berchtesgaden, inmitten des Steinernen Meers und nur einen Katzenwurf von der Grenze zu Österreich entfernt, liegt der Funtensee. Er ist weithin bekannt als der Kältepol Deutschlands mit Temperaturen, die man sonst nur aus dem Wetterbericht für die Arktis kennt.

Auf den ersten Blick ist dies kaum nachzuvollziehen: Der Funtensee, angemessen idyllisch gelegen, schaut aus wie eine größere Pfütze und lässt sich in zehn Minuten geschmeidig umrunden. Auch ist er nur gut fünf Meter tief und lädt im Sommer gar zum Planschen ein.

Anders ist die Lage im Winter, geschuldet dem ungewöhnlichen Mikroklima: Die umliegenden Gipfel sorgen dafür, dass der See in der kalten Jahreszeit kaum direktes Sonnenlicht abbekommt und ungestört auskühlen kann. Hinzu kommt seine Lage in einer Gebirgsmulde. Je kälter die Luft ist, desto schwerer wird sie und sinkt daher bergab, ungehindert von Vegetation oder Gebäuden – und sammelt sich über dem Gewässer. Besonders extrem sind diese Effekte in klaren, klirrend kalten Winternächten. Der bisherige Rekord liegt bei minus 45,9 Grad Celsius, die im Dezember 2001 hier gemessen wurden. Das sind Temperaturen, denen man sonst auf Reiseflughöhe begegnet.

Dieser Spitzenwert muss jedoch etwas relativiert werden. Zum einen sind auch aus der Schweiz vergleichbare Extremwerte bekannt:

So wurden 1991 auf der Glattalp bereits minus 52,5 Grad gemessen; auch wenn diese Messung nicht offiziell verifiziert werden konnte, kann davon ausgegangen werden, dass es sich um eine recht schattige Nacht gehandelt haben dürfte.

Zum anderen sind die Bedingungen, unter denen derartige Temperaturen entstehen, für den Menschen vergleichsweise vorteilhaft, denn in der Regel ist es dann trocken und windstill. Wer im Winter draußen sportlich aktiv ist, wird dies zu schätzen wissen: Mit dem entsprechenden Windchill oder bei feuchter Luft sind nämlich leichte Minusgrade viel schwerer zu ertragen als die extreme Kälte.

FAZIT: Bislang ist die größte Gefahr des Funtensees der Weg zum Funtensee. Hier sind schon Wanderer ausgerutscht und in den tiefer gelegenen Königssee gestürzt, etwa weil sie die Strecke abkürzen wollten. Im Winter ist die Gefahr um ein Vielfaches größer, denn selbst bei guten Bedingungen sind die Belastungen für den Körper bei den Tiefsttemperaturen extrem. Die Adern ziehen sich zusammen, so dass das Herz kräftiger pumpen muss; kommt sportliche Anstrengung hinzu – was sich beim Anstieg zum gut 1.600 Meter hoch gelegenen See kaum vermeiden lässt – ist ein Herzanfall ein konkretes Risiko für alle, die nicht perfekt trainiert und an derartige Bedingungen gewöhnt sind. Wer den Funtensee mit eigenen Augen sehen möchte, reist von Berchtesgaden aus gen Süden zum Königssee, den man per Schiff überqueren kann. Am südlichen Ende findet sich der Ausgangspunkt der Bilderbuchwanderung hinauf zum Funtensee.

▾ »Lässt zunächst das Blut in den Adern, dann den Wodka in der Flasche gefrieren: der Funtensee.«

WOLFSANGRIFF

WALLISER ALPEN, WALLIS

SPANNUNG 3/5 | **GEFAHR** 1/5 | **FAMILIENFREUNDLICHKEIT** 3/5

Südfrankreich im Jahr 1764. Die Bestie des Gévaudan treibt ihr Unwesen: Ein riesiges, wolfsähnliches Tier beginnt seine Jagd auf die Einheimischen. Innerhalb von drei Jahren reißt es nicht nur zahlreiche Nutztiere, sondern auch fast einhundert Männer, Frauen und Kinder. Und das mit herausragender List: Selbst einer Treibjagd, an der angeblich 20.000 Menschen beteiligt waren, gelang es nicht, das Raubtier zu erlegen. Bis heute ist unklar, was die Bestie des Gévaudan gewesen sein könnte: Eine importierte Hyäne, ein entflohener Löwe – oder doch ein Wolf, nur mit ambitionierten Proportionen?

Geschichten wie diese erklären, weshalb der Wolf lange Jahre einen solch schlechten Ruf genoss, dass er in weiten Teilen Europas ausgerottet wurde. Neben der klassischen Jagd erreichte man dies vor allem durch den Einsatz von Wolfsangeln, mit denen man die Raubtiere, nun, angeln konnte. Dazu platzierte man Widerhaken mit einem Köder an einem Baum, sodass ein Wolf ihn nur mit einem beherzten Sprung erreichen konnte – und dann wie ein Fisch an der Leine verendete.

Erst 1995 kehrten die ersten Wölfe in die Schweiz zurück – Grenzgänger aus Italien, die ihre Anwesenheit mit der Jagd von 117 Schafen und immerhin zwei Ziegen bekannt machten. 2012 konnte dann die erste Wolfsfamilie nachgewiesen werden, die sich bei den Eidgenossen niedergelassen hatte. Heute werden die Wolfspopulationen sehr genau beäugt – offizielle Schätzungen sprechen von rund 25 Tieren im Jahr 2014 und rund 50 Tieren in 2018, darunter vier größere Rudel. Die Dunkelziffer mag höher liegen, doch zumindest lässt sich festhalten: Sollte sich dieser Trend einer Verdopplung alle vier Jahre fortsetzen, wird die Schweiz nur nächsten Jahrhundertwende knöchelhoch von Wölfen bedeckt sein. Eine ganz ähnliche Entwicklung zeichnet sich seit einigen Jahren in Nord- und Mitteldeutschland ab, wo von Sachsen über die Brandenburger Lausitz bis nach Niedersachsen die Rückkehr des Wolfes zu einem bis an die Zähne bewaffneten neuen Kulturkampf zwischen radikalen Wildtierschützern und radikalisierten Zuchttierhaltern geführt hat.

DER WOLF IST TOT. ES LEBE DER WOLF.

Neuzeitliche Angriffe von Wölfen auf Menschen – insbesondere tödliche – sind dessen ungeachtet aus unseren Breiten nicht überliefert, allen voran, weil der Mensch nicht ins Beuteschema des Wolfes passt. Dieser genießt den reichen Vorrat an Rehen und Rotwild, bei günstiger Gelegenheit natürlich auch Schafe, Ziegen oder größere Nutztiere. Diese Angriffe sind es, die bis heute die Einheimischen nervös machen: Zumeist finden sie nachts statt – und dann neigen Wölfe noch zum *surplus killing*. Erst wird alles erlegt, was sich bewegt, und dann ein kleiner Teil davon tatsächlich auch gegessen. Besonders eindrücklich in diesem Zusammenhang ein Vorfall aus dem Kanton St. Gallen, wo Wölfe direkt neben einer örtlichen Schule eine trächtige Kuh rissen und beide Kadaver gut sichtbar für die Kinder zurückließen. Und danach regelmäßig in der Dämmerung umherstreunten. Bis zu

80 Prozent des Schadens, den Wölfe am Nutzvieh anrichten, kann man vom Staat erstattet bekommen. Aber reicht das aus, um nach so einem Vorfall ruhig zu schlafen?

FAZIT: Kaum zu glauben, aber wahr: Auch der nutzlose Pudel, den die Oma in ihrem Handtäschchen spazieren trägt, stammt direkt vom Wolfe ab. Im Gegensatz zum Pudel ist der Wolf jedoch von Natur aus zurückhaltend und wird dem Menschen eher ausweichen. Es sei denn, er ist tollwütig, fühlt sich bedroht oder hat als Jungtier die Scheu vor dem Menschen verloren. Es heißt, man könne sie gut mit Lärm vertreiben, aber wenn das

stimmt, wie konnte dann einer von ihnen 2006 von der Schweizer Eisenbahn überrollt werden? Fragen über Fragen.

Besonders wohl fühlen sich die Rudel in Graubünden, im Tessin und im Wallis. Wer dort beim Wandern also über eine Handvoll ausgeweideter Ziegen stolpert, möge sich bitte nicht wundern – alles in seiner natürlichen Ordnung. Einfach weitergehen, in die Dämmerung hinein, durch den Wald, in die Stille, mit dem nicht angeleinten Schäferhund an der Seite …

▾ Für dieses geile Motiv hat sich der Fotograf einen Wolf gesucht.

RADIOAKTIVITÄT

RADONSTOLLEN, GASTEIN, SALZBURG

SPANNUNG **GEFAHR** **FAMILIENFREUNDLICHKEIT**

Die Hauptursache für Lungenkrebs ist das Rauchen. So weit, so unumstritten. Kaum jemand ist jedoch mit der zweithäufigsten Ursache für Lungenkrebs vertraut: natürlichem, radioaktivem Radon. Farblos, geruchlos, geschmacklos, aber mit unangenehmen Nachwirkungen.

Bei Radon handelt es sich um ein Edelgas, welches aus dem Zerfall von den – ebenfalls natürlich vorkommenden – Metallen Uran und Thorium entsteht. Es steigt aus dem Boden auf und findet sich im Grunde genommen überall, wenn auch in minimaler Konzentration – es ist der seltenste Bestandteil der Luft. Während die Grundbelastung im geologisch wenig aktiven Norden Deutschlands niedrig ist, gilt gerade in den Alpen das Gegenteil – an jenen Orten, wo vergleichsweise »junges« Gestein an die Oberfläche gedrückt wird.

HIER GILT DIE STRAHLENSCHUTZVERORDNUNG – FÜR DIE NACKTEN BADEGÄSTE.

Problematisch wird die Belastung nur dort, wo es keine ausreichende Belüftung gibt, etwa im eigenen Keller: Vielleicht steht das eigene Haus in einer Region mit ohnehin hoher Radonbelastung? Vielleicht ist der Keller nicht so dicht isoliert, wie es wünschenswert wäre? Vielleicht wird er auch noch unregelmäßig gelüftet? Schon sammelt sich das Radon im eigenen Heim an, zerfällt zu anderen radioaktiven Isotopen des Bleis, Poloniums und Bismuts, welche als Feinstaub eingeatmet werden und sich in der Lunge bestens anreichern können. Schlechte Nachrichten für die uncoolen Jugendlichen, die noch bei Mutti im Keller wohnen. Tests im Bundesland Salzburg kamen übrigens zu dem Ergebnis, dass rund eine von zehn Wohnungen eine Strahlenbelastung über dem Grenzwert aufweist. Genaueren Aufschluss liefern Radondetektoren, die man sich neben den Rauchmelder hängen kann.

Ob man angesichts dieser Zahlen in Panik verfallen sollte, ist die eine Frage. Eine andere Frage ist jedoch, ob man sich freiwillig höchsten Konzentrationen von Radon aussetzen möchte: In Gastein, dem populären Wintersportort am südlichen Rande des bereits erwähnten Salzburger Landes, führten in den Vierzigerjahren erfolglose Bohrarbeiten auf der Suche nach Gold zu einer völlig anderen, unerwarteten Entdeckung: großen Mengen an völlig wertlosem Radon, gelöst in heißem Wasserdampf, der aus den Tiefen emporsteigt und sich im Stollen ansammelt.

Heute ist der Paselstollen besser bekannt als der Gasteiner Heilstollen, als Teil eines weltbekannten Kurbetriebes für chronische Krankheiten von Haut, Atemwegen und Bewegungsapparat. Zwar fehlt der wissenschaftliche Konsens darüber, dass eine Radontherapie tatsächlich (positiv) wirksam wäre, was der Beliebtheit der Kuren aber keinen Abbruch tut. Bei einer typischen, dreiwöchigen Behandlung wird man dabei einer Strahlungsdosis ausgesetzt, die etwa zwei Dritteln von dem entspricht, was man als Durchschnittsbürger im Verlauf eines gesamten Jahres ohnehin mitnimmt – aus allen natürlichen Quellen, inklusive der kosmischen Strahlung. Damit kommt die Strahlenschutzverordnung zur Geltung.

▸ Anders als der nahegelegene Christstollen jahrrund verfügbar: der Paselstollen bei Gastein.

PASELSTOLLEN
GLÜCK AUF

Einmal mehr stellt sich die Frage, ob dies genügt, um in Panik zu verfallen. Einerseits kann man für die gleiche Exposition eine Menge schöner Röntgenaufnahmen machen und ausgiebig in großen Höhen um die Welt jetten. Andererseits ist die absolute Belastung immer noch gering, doch als regelmäßiger Besucher oder gar Angestellter sollte man nach Ausfahrt aus dem Stollen sichergehen, dass man sich gründlich aushustet.

FAZIT: Zur Kur gehen – und kranker zurückkommen, als man angereist ist? Das gab es zuletzt zu Zeiten von Aderlass und Blutegeln. Nun ist es aber wieder möglich, mit ein bisschen Glück sogar auf Kosten der Krankenkasse. Und es muss nicht einmal unangenehm sein: Im Heilstollen wird nichts von einem erwartet, außer dass man bei rund 40 Grad auf seiner Liege vor sich hinschlummert. Sparfüchse können sich den Ausflug nach Österreich aber sparen, wenn sie sich schlicht im eigenen Keller niederlassen – mit Wärmelampe und Luftbefeuchter lässt sich das Erlebnis daheim zu einem Bruchteil der Kosten imitieren.

ELEKTROMOBILITÄT

GOTTHARDTUNNEL, GÖSCHENEN, URI

SPANNUNG | **GEFAHR** | **FAMILIENFREUNDLICHKEIT**

Obwohl schon 1980 eröffnet, zählt der Gotthardtunnel mit fast 17 Kilometer Länge durch geologisch anspruchsvolles Terrain auch heute noch zu den größten Meisterwerken der Ingenieurskunst. Noch vor der Jahrtausendwende wurde er bereits eine Million Mal durchfahren.

> **ENDLICH WIEDER SPONTANE SELBSTENTZÜNDUNG**

Ist der Gotthard-Tunnel gefährlich? Nein. Bloß die Autos und Lkws, die hineinfahren. An Spitzentagen wollen mehr als 30.000 Fahrzeuge den Tunnel zwischen Göschenen im Kanton Uri und Airolo im Tessin nutzen; der Zugang für Lkws muss über ein Tropfenzählersystem gesteuert werden, welches sicherstellt, dass sich die großen Fahrzeuge nicht zu sehr auf die Pelle rücken. Diese »Dosierampel« entwickelte sich jedoch selbst zu einem Unfallschwerpunkt, da so mancher Laster nicht rechtzeitig bremst.

Ein gravierendes Risiko besteht für alle Verkehrsteilnehmer gleichermaßen: Der Gotthard-Tunnel besteht seiner Länge zum Trotz nur aus einer Röhre, die sich zwei Spuren entgegenkommenden Verkehrs teilen müssen. Alle großen Unfälle, die sich seit Inbetriebnahme ereignet haben, sind die Folge von Kollisionen. Die heftigste von ihnen ereignete sich 2001, als zwei Lastwagen frontal aufeinanderstießen und einen Brand auslösten, der elf Menschen das Leben kostete und die Sperrung des Tunnels für zwei Monate nötig machte.

Seit diesem Unglück sind erfreulicherweise deutlich weniger schwere Unfälle zu verzeichnen. Die Schweizer geben sich größte Mühe, den sicheren Betrieb zu gewährleisten. Die Tunnelwand ist gepflastert mit Feuerlöschern und Notruftelefonen. Jeden Viertelkilometer sind Schutzräume eingerichtet, in denen ein konstanter Überdruck und unabhängige Ventilationssysteme ein Eindringen von Rauch verhindert. Und parallel zum Straßentunnel verläuft ein Rettungsstollen, der im Ernstfall einen Ausweg bietet. Doch all das ändert nichts daran, dass Feuer im Tunnel in Sekundenbruchteilen zur Katastrophe führen kann – insbesondere dann, wenn es nur eine Spur gibt und ein einziges stehendes Fahrzeug dafür sorgt, dass es kein Vor und Zurück mehr gibt.

Glücklicherweise entzünden sich Autos nicht einfach selbst. Zumindest war dies bislang der Fall, aber das Erstarken der E-Mobilität wird nicht nur bei den Betreibern des Gotthardtunnels für Kopfzerbrechen sorgen.

So erfreulich weniger Emissionen oder weniger Lärm vor Ort sein mögen, haben Elektrofahrzeuge mit anderen Problemen zu kämpfen. Wer als Radfahrer unterwegs ist, wird bereits wissen, welch bemerkenswerte Zahl an Fußgängern den Verkehr ausschließlich mit den Ohren navigiert und ohne erkennbaren Lebenswillen in die Straße hineinläuft, wenn gerade kein Auto zu hören ist. In einer Welt, in der immer mehr geräuscharme E-Autos oder E-Scooter unterwegs sind und die Zahl der Fußgänger, die durch das Smartphone abgelenkt ist, ebenso steigt, sind Karambolagen also zu erwarten. Nun kommen noch die Batterien hinzu, die sich – anders als bei herkömmlicher Technologie – gern spontan selbst entzünden.

Mit schöner Regelmäßigkeit kursieren Videos im Internet, die explodierende Batterien zeigen. (Selbst bei schnöden Smartphones gelten einige Akkus als derart reaktionsfreudig, dass sie nicht einmal mehr mit ins Flugzeug genommen werden dürfen.) Es ist mehr als ärgerlich, wenn der geparkte Tesla in der lauen Nachmittagssonne explodiert, dabei gleich den neuen Carport mit abfackelt und den friedlichen Sonnabend für die gesamte Nachbarschaft ruiniert, aber im Tunnel ist das Problem ungleich ernster. Insbesondere, da die Batterien sich nicht nur gerne entzünden, sondern mitunter auch nicht mehr löschen lassen.

Als 2017 einer der drei Moderatoren der weltweit heiß geliebten Sendung »Grand Tour« in der Schweiz mit einem elektrisch betriebenen Supercar verunglückte, entzündete sich das Wrack und verdeutlichte einem breiten Publikum das zentrale Problem der Sicherheit von Elektromotoren. Allen Bemühungen der Feuerwehr zum Trotz lässt sich ein Batteriebrand nicht einfach löschen, indem man Wasser draufschüttet. Jede einzelne der Batteriezellen, von denen es Hunderte gibt, kann erneut einen Brand auslösen, wenn weitere Zellen beschädigt sind. Um ein fackelndes E-Auto so weit herunterzukühlen, dass keine Gefahr mehr besteht, sind viel, viel Geduld und mindestens 10.000 Liter Wasser nötig – das Fünffache von dem, was ein herkömmliches Feuerwehrauto mit sich trägt. Daher mussten die Schweizer Feuerwehrleute das Wrack des Rennfahrers die halbe Nacht lang kühlen, bevor es auch nur abtransportiert werden konnte. Zu diesem Zeitpunkt war allerdings nicht viel mehr übrig als eine durch 1.500 Grad zusammengeschmolzene Masse mit einem keck hervorstehenden Rad an der Fahrerseite. Die einfachste Methode, einen derartigen Brand zu löschen, besteht darin, dass brennende Auto ins Wasser zu werfen und eine Woche später wieder herauszufischen.

FAZIT: Und nun stelle man sich ein solches Feuerwerk im längsten Autotunnel der Alpen vor! Trotz intensiver Belüftung liegt die Temperatur im Gotthardtunnel regelmäßig über 35 Grad, selbst im tiefen Winter. Kommen durch einen brennenden Sportwagen, der sich nicht einmal mehr löschen lässt, noch einmal gut tausend Grad hinzu, gibt es mehr als einen Superstau von und nach Italien. Dieses Problem betrifft natürlich nicht nur den Gotthardtunnel, sondern jeden einzelnen Straßentunnel, doch bietet sich hier nach erfolgreicher Flucht aus dem Rettungsstollen (bis zu zwei Stunden strammer Fußmarsch) immerhin ein hübsches Panorama.

Warum durch den Tunnel, wenn der Pass so ausschaut?

FETT

BIERGARTEN, MÜNCHEN, BAYERN

SPANNUNG	GEFAHR	FAMILIENFREUNDLICHKEIT
1 von 5	1 von 5	5 von 5

Preisfrage: Was macht eine gesunde Ernährung eigentlich aus? Im Vergleich mit einer Mangeldiät auf Basis von Yamswurzeln ist selbst ein Besuch in der Familiengaststätte »Zum goldenen M« vorteilhaft, wo sich auch mal eine Gurkenscheibe ins belegte Brötchen verirrt. Der Deutsche braucht allerdings keine Hilfe vom amerikanischen Clown, um sich vorzeitig ins Grab zu futtern – das schafft er auch ganz allein, perfekt illustriert durch die schönste Art, den eigenen Leib ausufern zu lassen: den heimischen Biergarten.

Üblicherweise findet sich auf der Speisekarte eines herkömmlichen Biergartens wenig bis nichts, was der Gesundheit zuträglich sein könnte. Grün ist hier allenfalls die dekorative Petersilie am Tellerrand, die Basis der Ernährungspyramide bildet hingegen das Schweinefleisch. Ob frittiert als Schnitzel, als Braten mit Kruste oder gleich als ganze Haxe mit dicken Schichten aus Fett – so eine Mahlzeit bekommt man nur mit rauen Mengen Bier runtergespült. Zum Glück wird dieses in handlichen Ein-Liter-Gläsern zu Verfügung gestellt. Keine Lust auf Schwein? Alternativ gibt es ein halbes Hähnchen. Eine leichte Mahlzeit soll reichen? Keine Sorge, der Salzgehalt einer durchschnittlichen Brezel deckt den Wochenbedarf locker und treibt den Blutdruck in ungeahnte Höhen. Sie möchten zügig fett werden, aber dabei möglichst viel furzen? Auch kein Problem, dafür wurde der Obazde erfunden, eine Mischung aus reifem Camembert, Butter, rohen Zwiebeln und Gewürzen. Zu exotisch? Gönnen Sie sich doch einfach einen Löffel Schweineschmalz, immerhin nahezu reines Schlachtfett.

IM TYPISCHEN BIERGARTEN BILDET SCHWEINEFLEISCH DIE BASIS DER ERNÄHRUNGSPYRAMIDE, GEFOLGT VON SCHLACHTABFÄLLEN UND TIERISCHEN FETTEN.

Der Dokumentarfilm »Se7en« zeigte, dass es in der Tat möglich ist, sich so weit zu überfressen, dass der Tod eintritt. Dass es Fettleibigkeit auf den Totenschein schafft, ist dennoch unwahrscheinlich. Wahrscheinlich ist es allerdings, dass die Ernährung einen wichtigen, wenn nicht den wichtigsten Ausschlag dafür gibt, wann der Totenschein ausgestellt werden muss. Mittlerweile sind Übergewichtige unter den erwachsenen Mitbürgern der Bundesrepublik in der Mehrheit. Rund einer von sechs ist gleich adipös, sprich ebenso grotesk wie gefährlich fett. Und selbst wenn die Ernährung nicht unmittelbar ins Jenseits führt, entscheidet sie doch darüber, wie sich der Lebensabend gestaltet: Geht man mit Frau und Hund lässig wandern oder lässt man sich von seinem Zivi als formloser Blob von Facharzt zu Facharzt schieben?

Was Übergewicht für medizinische Folgen haben kann, ist hinlänglich untersucht und bekannt. Zu den Highlights zählen Herz-und-Kreislauf-Krankheiten, Gicht, Arthrose, gewisse Krebserkrankungen sowie Rückenschmerzen, die vollkommen überraschend auftreten, sobald man 150 Kilogramm Lebensgewicht durch die Gegend schleppen muss.

▸ So tauscht man Lebenszeit gegen Lebensgefühl.

Doch zurück zum Anfang und der Frage: Welche Ernährung ist eigentlich gesund? Klare Antwort: Es kommt darauf an. Menschen sind sehr unterschiedlich veranlagt, entsprechend schwierig ist es, pauschale Ratschläge zu geben. Sicher ist für unsere Breiten bloß, dass weniger manchmal mehr ist, insbesondere bei Fett und Zucker.

FAZIT: Wenig überraschend: Nach aktuellem Wissensstand ist das Beste eine abwechslungsreiche Diät, die Kalorien und Nährstoffe im Auge behält. Zudem sei der Hinweis erlaubt, dass es recht schwierig ist, zu viel Gemüse zu essen, aber relativ leicht, zu viel Fleisch und Süßigkeiten zu futtern. Die Hoffnungen auf neue *superfoods* werden zwar regelmäßig enttäuscht, aber vorgeschlagen werden üblicherweise seltene indische Beeren oder roher Brokkoli, nicht jedoch Räucherspeck.

Wer diese Ratschläge ignorieren will, sollte das lustvoll tun. Und das gelingt am besten in einem typisch bayerischen Biergarten, denn hier ist Maßlosigkeit quasi Staatsräson, als sei es das Ziel, dort Diabetes Typ 3 zu entwickeln. Die Möglichkeiten, sich zu einem tödlichen Übergewicht heranzuarbeiten, sind entsprechend vielfältig. Der größte Biergarten der Welt – gelegen im Hirschgarten nahe der Münchner Innenstadt – bietet gleich 8.000 hungrigen wie durstigen Menschen Platz und ist ein Ort so gut wie jeder andere, um seine Ernährung auf Schlachtabfälle umzustellen.

GLETSCHERSPALTE

ALETSCHGLETSCHER, JUNGFRAU-GEBIET, WALLIS

SPANNUNG	GEFAHR	FAMILIENFREUNDLICHKEIT
4 von 5	3 von 5	2 von 5

Auch am größten Gletscher der Alpen finden sich Möglichkeiten, sich und seine Lieben in Gefahr zu bringen. Obwohl er seit Ende der kleinen Eiszeit um rund 20 Prozent geschrumpft ist, sind die Ausmaße des Firns bis heute mehr als beeindruckend: 22 Kilometer Länge, verteilt auf mehr als 80 Quadratkilometer. An seiner dicksten Stelle, dem Konkordiaplatz, vereinen sich drei kleinere Eisströme zum Aletsch, der an dieser Stelle immer noch rund 900 Meter dick ist.

Seiner Größe hat der Aletschgletscher es zu verdanken, dass er kurzfristigen Temperaturschwankungen weniger stark ausgesetzt ist als andere Gletscher. Selbst gegen »Ende« ist der Eispanzer immer noch 150 Meter stark. Dennoch verliert auch er aktuell stark an Masse und ist so »klein« wie zuletzt im Jahre 250 nach Christus.

Gefüttert wird der Firn von der mächtigen Bergkette des Berner Oberlandes, an dessen südlicher Seite sich mehr Eis und Schnee ansammeln als an allen anderen Stellen der Alpen. Sie schieben sich mit 120 bis 180 Meter pro Jahr bergab – und geben dabei verloren geglaubte Schätze preis. 2010 gab das ewige Eis drei Leichen frei, die einer Gruppe zugeordnet werden konnte, die 1926 bei einer Wanderung die Orientierung verloren

▸ Untergehen im Meer aus Eis: Da hat man länger was von.

hatte. Bis heute vermutet man 50 Menschen, die im Aletsch konserviert wurden. Sollte Schwiegermutter dazugehören, wird sie nicht auf ewig verschwunden sein.

Besonders tückisch am Gletscher sind die Spalten. Bei einem Besuch im Sommer sind sie im Regelfalle deutlich sichtbar; im südlicheren Teil verläuft der Gletscher zudem vergleichsweise eben und bildet wenige Spalten. Dennoch besteht auch hier eine Gefahr, wenn eben diese Spalten im Winter von instabilen Schneebrücken verdeckt werden, die in sich zusammenbrechen, sobald ein naiver Wanderer sie betritt. Dann wartet ein eiskalter Abgang, entweder durch Erfrieren oder langsames Zerquetschen bei 20 bis 30 bar. Davon abgesehen: Es mag den ein oder anderen überraschen, aber das Eis ist stellenweise glatt, insbesondere wenn es mit Feuchtigkeit benetzt ist. »Nur ein kurzer Blick in die Gletscherspalte« wird schnell zu einem langen Blick aus der Gletscherspalte.

Es empfiehlt sich also, in der Gruppe zu laufen, am Seil zu bleiben und einen ortskundigen Führer zu engagieren. Wer zu den Gletscherspalten noch das Risiko abstürzender Eisbrocken wünscht, ist im oberen Teil des Firns, nördlich des Konkordiaplatzes, bestens aufgehoben: Hier bricht das Ewigschneefeld über einen steilen Hang mit bis zu 30 Grad Neigung ab.

FAZIT: Der Aletschgletscher ist jederzeit einen Besuch wert. Wer das ewige, weiße Eis in relativem Komfort bestaunen will, ist mit einer Bahnfahrt auf das Jungfraujoch gut beraten. Wer selbst hinaus aufs Eis möchte, ist beim Ausgangspunkt Aletscharena in den Walliser Alpen richtig – dafür muss man allerdings eine kleine Wanderung in Kauf nehmen und bekommt Eis, das nicht nur himmlisch weiß schimmert, sondern auch von Staub und Geröll bedeckt ist.

KAMPFHUNDBISS,

HUNDEKAMPFPLATZ

SPANNUNG **GEFAHR** **FAMILIENFREUNDLICHKEIT**

Fassen wir zusammen: Das Risiko, durch Bären, Wölfe oder Kühe verletzt zu werden, ist relativ gering, steigt aber deutlich an, wenn ein Hund dabei ist. Sind es vielleicht die Vierbeiner selbst, von denen die Gefahr ausgeht?

Vorweg: Die meisten Hunde sind natürlich nicht aggressiv, ähnlich ihren Haltern. Es gibt bloß enorm viele von ihnen, sodass es kaum überraschen kann, dass jährlich bis zu 40.000 Hunde zubeißen – eine Schätzung, denn eine bundesweite Meldepflicht besteht nicht. Und die Tendenz ist steigend, da immer mehr Menschen sich für die Gesellschaft eines Haustiers entscheiden. Der riesigen Zahl an Angriffen steht eine recht kleine an tödlichen Verletzungen gegenüber: Dem Statistischen Bundesamt zufolge sind es durchschnittlich vier pro Jahr. Weltweit liegt die Zahl mit 25.000 Todesfällen deutlich höher. Als besonders aggressiv gelten Spitz, Schnauzer, Pekinese, Dackel; als besonders gefährlich zudem Dobermann, Rottweiler und – aufgrund seiner großen Beliebtheit – auch der stereotype, deutsche Schäferhund.

Dabei gehen Kampfhunde nur in seltenen Fällen auf Fremde los. Die meisten Angriffe finden mit vertrauten und bekannten Personen statt, sogar im eigenen Heim. Oft bleibt es bei vergleichsweise harmlosen Kratzern, doch Bisswunden wiegen wesentlich schwerer und können sich auch bestens entzünden. Man stelle sich nur vor, von einem Hund gebissen zu werden, der gerade noch von den Hinterlassenschaften eines anderen Hundes gekostet hat. Für Kinder kommt noch ein zusätzliches Risiko hinzu: Ihr Kopf ist klein genug, um komplett in das Maul eines großen Hundes zu passen. Der hilfreiche wie praxisnahe Tipp der Behörden lautet daher: Kinder einfach niemals unbeaufsichtigt lassen!

VERGESSEN SIE BÄREN UND WÖLFE – DIE EIGENTLICHE GEFAHR GEHT VON NACHBARS LUMPI AUS. SELBST WENN ER WIE EINE HARMLOSE FUSSHUPE DAHERKOMMT.

Während die meisten Bisse gutmütig als Verteidigungshandlung interpretiert werden können, gibt es unzweifelhaft Vierbeiner, die bewusst aggressiv gezüchtet und erzogen werden – etwa um anschließend als Teilnehmer beim Hundekampf zu brillieren. Diese fragwürdige Tradition erfreute sich bereits im 18. und 19. Jahrhundert reger Beliebtheit. Nachdem Kämpfe mit Bulldoggen sich als relativ langweilig erwiesen – sie verbeißen sich bloß einmal und lassen nicht mehr los –, erlaubte das fortschreitende Wissen über Züchtungen die Kreation neuer Rassen wie Pitbulls, die in der Kampfarena Vollgas geben. Alternativ ließ man die Hunde nicht gegeneinander, sondern gegen schwächere Tiere antreten. Klassisches Beispiel einer Wette: Wie viele Ratten kann der Terrier in einer gegebenen Zeit zerfleischen?

Heute sind Hundekämpfe selbstverständlich illegal, was jedoch nicht bedeutet, dass sie der Vergangenheit angehören. Einen Züchter zu finden, der sich auf aggressive Rassen spezialisiert, bleibt ein Leichtes. Der Fachmann legt Wert auf Hunde, die besonders *»gamed«* sind, also selbst

▲ Wäre dieser Hund ein Mensch, hätte er zwei Piercings, ein Arschgeweih und einen Termin zum Casting bei einer RTL2-Reality-Show.

dann frenetisch weiterbeißen, wenn ihre Beine bereits gebrochen sind.

Wann und wo Hundekämpfe stattfinden, ist und bleibt das Branchengeheimnis. Meist sind derartige Veranstaltungen nur die Spitze des Eisbergs – ein Symptom für kriminelle Machenschaften, die genügend Kleingeld abwerfen, um für viel Geld mit Steroiden und Anabolika aufgeputschte Pitbulls zu kaufen und für vierstellige Wettbeträge aufeinander zu hetzen.

FAZIT: Was hat vier Beine und einen Arm? Eine Bulldogge auf dem Kinderspielplatz. Doch Spaß beiseite: Wie kommt man nun zum Hundekampf? Kleinere Dealereien im Rotlicht- und Drogenviertel sind ein guter Ansatzpunkt. Wo immer viele Kampfhunde gehalten werden, lassen sich zügig wertvolle Kontakte knüpfen.

Besondere Aufmerksamkeit erregte ein Vorfall in Deutschland, wo im badischen Ettenheim – auf halbem Wege zwischen Straßburg und Freiburg – eine Hundekampf-Arena im Keller eines Wohnhauses entdeckt wurde, nebst angeschlossener Drogenplantage. Auf Laufbändern trainierte man dort die Ausdauer der Tiere, an mit Blut getränkten Teppichen reizte man sie, mit einem Bolzenschussgerät brachte man sie nach getanem Dienst auf eine Farm außerhalb der Stadt.

MOTORRADGANG

IRGENDWO IN DEUTSCHLAND

SPANNUNG | GEFAHR | FAMILIENFREUNDLICHKEIT

Clan-Kriminalität ist nichts Neues in deutschen Landen. Kurz nachdem der Rockerkrieg in den Neunzigerjahren in Schweden eskalierte – damals ging es um die Vorherrschaft im Rotlicht-, Waffen- und Drogenhandel, die stilsicher mit Granatwerfern ausgefochten wurde –, machten sich die berühmtesten Motorrad- und Rockerclubs auch in Deutschland einen Namen.

Auf der einen Seite finden sich die Hells Angels. Mitte des vorigen Jahrhunderts in den USA gegründet, bald darauf weltweit aktiv, erkennbar an ihrer Vorliebe für Harley-Davidsons und Kriminalität. Ihnen gegenüber stehen die Bandidos: Mitte des vorigen Jahrhunderts in den USA gegründet, bald darauf weltweit aktiv, erkennbar an ihrer Vorliebe für Harley-Davidsons und Kriminalität.

Einen ersten Fuß in die Schattenwelt bekamen die Hells Angels im Hamburger Sündenpfuhl St. Pauli, wo sie mit Koks und Nutten einen schönen Reibach machten. Das stieß der Konkurrenz der Bandidos sauer auf, worauf ein jahrelanger Bandenkrieg – regelmäßig als Rockerkrieg bezeichnet – vom Zaun gebrochen wurde. Vorfälle gab es deutschlandweit, besonders aggressiv wurde jedoch in Ostdeutschland gefochten – aufgrund der Nähe zu den »aufstrebenden Märkten« in Osteuropa, die günstig Waffen, Drogen und Frischfleisch liefern konnten. Aufschlussreich wie charmant sind in diesem Zusammenhang auch die mannigfaltigen Verbindungen zwischen der Rockerszene und Skinheads wie Neonazis. Je mehr man über diese Gruppierungen liest, desto mehr gewinnt man den Eindruck, dass es den Motorrad-Rockern weder um Motorräder noch um Rockmusik geht. Aber das mag täuschen.

Im Wesentlichen lief der Rockerkrieg ohne Beteiligung der gemeinen Bevölkerung ab und bestand darin, Mitglieder der verhassten gegnerischen Gruppe einzuschüchtern, zu verletzen oder gleich umzubringen – mal mit mehr, mal mit weniger Erfolg. Die Polizei stand dem Gemetzel mehr als einmal hilflos gegenüber, denn das Einzige, was beide Gruppen noch mehr verachten als einander, sind die Bullen. So behauptete das Opfer eines Axtangriffs, dem man mit dem Beil fast das Bein abgeschlagen hatte, die kleine Verletzung ginge auf einen Verkehrsunfall zurück. Und selbst vor Gericht kam es vor, dass ein Opfer sich plötzlich nicht mehr an die Tat erinnern konnte/wollte. 2008 folgte auf eine Gerichtsverhandlung in Münster zunächst eine Massenschlägerei zwischen den verfeindeten Gruppen, anschließend musste die Urteilsverkündung von eintausend (!) Polizisten gesichert werden.

2010 dann die überraschende Wende: Führende Mitglieder der Hells Angels und der Bandidos gaben öffentlich bekannt, sie hätten das Kriegsbeil begraben – laut Polizei ein billiges Ablenkungsmanöver, um aus dem Fokus der Aufmerksamkeit zu geraten. Wenn auch erfolgreich:

KANN MAN NUN WIEDER UNGESTÖRT IN DEN PUFF GEHEN?

FRAGE FÜR EINEN FREUND.

In den 2010er-Jahren blieb es zwischen den beiden Gangs verleichsweise ruhig.

FAZIT: Wann und wo es zur nächsten Eskalation kommt, ist schwer vorherzusagen. Cottbus ist als ehemaliger Hotspot ein ebenso wahrscheinlicher Startpunkt wie jeder andere Ort. Sicher ist bloß, dass es zum Knall kommen wird: Hells Angels und Bandidos bekommen nämlich zunehmend internationale Konkurrenz. Um die heiß umkämpften Märkte buhlen nicht nur die arabischen Großfamilien, sondern auch die Nachtwölfe (russische Motorradgang), die Osmanen Germania (türkische Motorradgang) und Al-Salam 313 (irakische Motorradgang mit praktischer Kriegserfahrung). Schwierige Zeiten für alle, die bloß in Frieden ins Bordell gehen möchten.

▾ Eigentlich müsste es ja »Hell's Angels« heißen, aber wie bringt man es ihnen schonend bei?

ERSCHÖPFUNG

WATZMANN, BERCHTESGADEN, BAYERN

SPANNUNG	GEFAHR	FAMILIENFREUNDLICHKEIT
3 von 5	3 von 5	2 von 5

Freilich ist es möglich, an Deutschlands höchstem Berg, der Zugspitze, zu verunglücken. Dann wiederum gilt der Gipfel als nicht besonders anspruchsvoll, wird von drei Seilbahnen und einer Zahnradbahn erschlossen und ist noch dazu von beliebten Wanderwegen und Hütten überzogen. Und weil es sich um den höchsten Berg der Nation handelt, schlurfen an schönen Sommertagen Wanderer und Kletterer im Gänsemarsch hinauf und hinab, sodass wenig Aussicht auf alpine Einsamkeit besteht.

Eine schöne Alternative bietet Deutschlands Nummer 3, der Watzmann, der mit einer Höhe von 2.713 Metern immerhin das größte Bergmas-

siv auf deutschem Boden ist. In puncto Ästhetik und Gefahrenpotenzial liegt er jedenfalls ganz vorn.

Berühmtheit erlangte der Watzmann nicht nur für seine dramatische Felsformation, in der sich die Hauptgipfel gegenüber der Watzmannfrau und den Watzmannkindern präsentieren, sondern auch durch zwei legendäre Bergtouren. Zum einen ist dies die Watzmann-Ostwand, die mit 1.800 Metern die größte Wand der Ostalpen bildet. Für derartige Höhenunterschiede muss man sonst Schweizer Viertausender bemühen; die Differenz zum Talboden ist ein Grund, aus dem der Watzmann derart beeindruckend wirkt. Technisch ist die Ostwand – eigentlich – nicht schwierig, doch genau das lockt immer wieder Leute in die Wand, denen die notwendige Erfahrung fehlt, die sich versteigen und sich dann unnötig verausgaben. Dazu kommt – der Popularität der Wand geschuldet – die stete Gefahr des Steinschlags durch Vorkletterer und – besonders in den Monaten Mai und Juni – das Risiko abrutschender Schneemassen durch die Schneeschmelze. Vorsicht ist also geboten: Nicht ohne einen Funken Bewunderung verkündete man in Berchtesgaden 2010 das hundertste Opfer, das die Watzmann-Ostwand gefordert hat.

2010 FORDERTE DIE 1.800-METER-WAND IHR HUNDERTSTES OPFER.

Für den normalsterblichen Wanderer wartet am Watzmann zudem noch die bekannteste hochalpine Tour Deutschlands: die Überschrei-

▼ *CHEEESE:* Familienfoto mit dem Watzmann, seiner Frau und den Kindern

tung der drei Hauptgipfel des Massivs. Nacheinander geht es über das Hocheck (2.651 Meter), die Mittelspitze (2.713 Meter) und die Südspitze (2.712 Meter). Der Geschwindigkeitsrekord für die Überquerung der drei Gipfel liegt bei guten drei Stunden, Otto Normalsteiger muss vier- bis fünfmal so viel Zeit einplanen. Auch hier gilt: Eigentlich ist die Tour nicht sonderlich anspruchsvoll, wohl aber zieht sie Neugierige an, denen die Erfahrung fehlt. Vor allem der Grat zwischen den Gipfeln birgt Absturzgefahr; zwar sind Schlüsselstellen gesichert, was in der Vergangenheit aber Leute dazu verleitet hat, den Trip wie einen Klettersteig zu »missbrauchen«. Wie überall in den Alpen kann auch am Watzmann das Wetter zügig und unerwartet umschlagen; kombiniert mit der Gesamtlänge der Tour, die selbst erfahrene Wanderer fordert, kann es nicht verwundern, dass auch die Bergrettung zu den Stammgästen am Watzmann-Massiv gehört.

FAZIT: Was in den Alpen die meisten Menschenleben kostet, ist der Extremsport Wandern. Und die Ursache ist banal: Die Anstrengung in der Höhe stellt Herz und Kreislauf auf die Probe und führt schnell zu ernsten gesundheitlichen Problemen, die gerade für ältere Menschen, die sich noch für fit genug hielten, lebensbedrohlich werden können.

Wer seine Fitness unter realistischen Bedingungen testen mag, ist daher am Watzmann goldrichtig. Ausgangspunkt für die Überquerung des Massivs ist die Wimbachbrücke bei Ramsau, die per Bus an Berchtesgaden angebunden ist; viele Sportler teilen die Wanderung in zwei Etappen auf und starten die eigentliche Überschreitung am zweiten Tag vom Watzmannhaus aus und bringen weite Teile des Aufstiegs bereits am ersten Tag hinter sich.

Für die Besteigung der legendären Ostwand empfiehlt sich Schönau am Königssee als Ausgangspunkt; von dort aus geht es mit dem Schiff nach St. Bartholomä, wo man eine gemütliche Nacht im »Ostwandlager« verbringen darf. Möglichst früh – eventuell sogar noch vor Sonnenaufgang – geht es dann los, um die Wand auf jeden Fall sicher durchklettern und wieder absteigen zu können, bevor die Dunkelheit einbricht.

LKW-UNFALL

AUTOBAHN 2, HANNOVER, NIEDERSACHSEN

SPANNUNG	GEFAHR	FAMILIENFREUNDLICHKEIT
1 von 5	1 von 5	4 von 5

Die gute Nachricht vorweg: Die Autobahn ist wesentlich besser als ihr Ruf, selbst wenn man die Sache mit dem Führer mal ausklammert. Deutschlandweit gibt es jährlich sage und schreibe 2,5 Millionen Unfälle auf der Straße; dabei verletzen sich knapp 400.000 Menschen, rund 3.000 davon lassen ihr Leben. Der hohen Geschwindigkeit zum Trotz ist die Autobahn nur für zehn Prozent der tödlichen Unfälle verantwortlich. Ein wesentlicher Standortvorteil der Autobahn ist sicherlich, dass man sich (im Regelfall) die Straße nicht mit Fahrrad- und Fußgängern teilen muss, die gerade in Städten frech kreuzen, nur weil ihre Ampel grün zeigt.

Relativ gering – und vor allem konzentriert – ist das Risiko durch Geisterfahrer. Anscheinend gibt es gewisse Autobahnabschnitte, die regelrecht zum Wenden einladen. Relativ groß – und ebenfalls konzentriert – ist das Unfallrisiko an klar abgrenzbaren Schwerpunkten. Während der Osten Deutschlands dank neuester Autobahnen mit höchsten Sicherheitsstandards inmitten blühender Landschaften eine insgesamt relativ niedrige Unfallquote aufweist, gilt allen voran die A2 zwischen Oberhausen über Hannover und weiter Richtung Potsdam als bundesdeutscher Hotspot. Die Ursachen sind dabei alles andere als überraschend: Die Strecke ist die wichtigste West-Ost-Achse und dabei trotz dreispurigen Ausbaus äußerst dicht befahren – mehr als 100.000 Fahrzeuge am Tag sind die Norm, nicht die Ausnahme. Besonders hoch ist die Anzahl an Lkws, die die schnellste Verbindung zwischen den Nordseehäfen und ganz Osteuropa nutzen. Häufige Staus, viele Baustellen, eine hohe Dichte voll beladener Laster und übermüdete Fahrer ergeben einen gefährlichen Cocktail: Beim typischsten aller Unfälle rast ein Lastwagen in ein Stauende, weil der Fahrer abgelenkt oder übermüdet gewesen ist. Abstand wird wenig gehalten, zu schnell wird sowieso gefahren, um Hannover möglichst schnell hinter sich zu lassen.

Doch Gefahr erkannt, Gefahr gebannt: Zur allgemeinen Erheiterung der Republik führte die zuständige Landesbehörde für Straßenbau und Verkehr Niedersachsens 2018 eine selbst ernannte Elfenbeauftragte über die Autobahn, um die Unfallserie auf der A2 mit spiritueller Hilfe zu stoppen. Expertise gefällig? »Gerade Autounfälle, die vermehrt an denselben Stellen auf gerader und eigentlich ungefährlicher Strecke passieren, sprechen für die Rache der Elfen.« Folglich versiegelte die Expertin mehrere Gefahrenstellen energetisch. Eine konsequente Maßnahme, wo sie doch mit ihrer Kollegin, einer Tierkommunikatorin, nach erfolgreicher Kontaktaufnahme mit der Natur und den Tieren eine »sehr traurige Energie« an fünf neuralgischen Unfallschwerpunkten wahrgenommen hatte.

▲ Rehkitze überfahren, Nutten prellen, Senioren anhupen – kein Wunder, dass man da am Ende des Tages geschlaucht ist.

FAZIT: Dass du wirklich Scheiße gebaut hast, merkst du, wenn du selbst vom Bundesministerium für Verkehr und digitale Infrastruktur fett gedisst wirst. Ein Sprecher ließ wissen: »Der Bund wird Elfenbeauftragte für die Sicherheit auf deutschen Straßen erst dann einsetzen, wenn Harry Potter zum Bundeszaubereiminister berufen wird.« Die Unfallstatistiken legen derweil nahe, dass die energetische Versiegelung nicht ganz dicht war.

Um das eigene Risiko im Straßenverkehr der A2 zu maximieren, sind einige simple Verhaltensweisen hilfreich. Zügiges Fahren bei schlechten Wetterbedingungen ist ebenso Pflicht wie häufiges Überholen zu Hauptverkehrszeiten. Darüber hinaus steht es jedem frei, beliebig viele Elfen zu provozieren. Oder während der Fahrt am Smartphone zu daddeln.

Zur Belohnung für alle, die die Reise gesund und munter überstehen, laden zahlreiche gemütliche Autobahnraststätten zum Verweilen ein.

Wildromantische Autobahnatmosphäre neben Kraftwerk

GIFTSCHLANGEN

ZOLLNERSEE, GAILTAL, KÄRNTEN

SPANNUNG	GEFAHR	FAMILIENFREUNDLICHKEIT
2 von 5	2 von 5	4 von 5

Die Stadt Wien informiert: »Durch die Schaffung optimaler Kleinstrukturen, wie Lesesteinhaufen und Trockensteinmauern sowie Biotope werden ihre Lebensräume in Wien gezielt aufgewertet.« Die Rede ist von Schlangen, die sich als Schädlingsbekämpferinnen gegen Mäuse auch in der österreichischen Hauptstadt verdient gemacht haben – sehr zur Überraschung der vielen Besucher Wiens, die Schlangen wenn überhaupt in der österreichischen Wildnis, viel eher aber noch auf einem anderen Kontinent vermuten.

Bedauerlicherweise sind die Schlangen, die in Wien anzutreffen sind, völlig harmlos. Sie zählen zu den vier Arten von Nattern, die in Öster-

reich leben. Zu ihnen gesellen sich – zumindest in einigen Regionen des Landes – noch bis zu vier Arten von Vipern, die zwar alles andere als aggressiv sind, aber zumindest giftig. Dazu zählen die Kreuzotter, die Sandotter, die Wiesenotter und, möglicherweise, die Aspisviper. Genau weiß man es einfach nicht, da die Aspisviper in Österreich selbst lange Zeit nicht beobachtet wurde, wohl aber im slowenischen Grenzgebiet.

Ihnen allen ist gemein, dass ihr Gift eine äußerst schmerzhafte Reaktion an der Bissstelle hervorruft, gefolgt von Schwellungen und Lähmungen. Je nach Menge des Toxins, das eine Viper abgibt, sind auch schwerwiegende Schäden am Zellgewebe möglich. Ein Besuch beim Arzt ist in jedem Falle unverzichtbar.

NEE, GAILTAL WIRD WIRKLICH MIT »A« GESCHRIEBEN.

Besonders praktisch an den Schlangen Österreichs ist, dass man giftige von ungiftigen Exemplaren leicht auseinanderhalten kann: Tragen sie ein gut sichtbares Zickzackmuster auf dem Rücken, gilt es, sich fernzuhalten. So ziemlich alle Konfrontationen mit den Nullbeinern sind übrigens direkte Folge menschlichen Verhaltens: Wer meint, eine ruhende Schlange mit dem Stock piken oder gar hochheben zu müssen, darf sich nicht über eine entsprechende Vergeltungsmaßnahme wundern. Von den rund 40 Bissen pro Jahr, die medizinisch behandelt werden müssen, finden sich daher fast alle an den Händen kontaktfreudiger Leute.

Besonders häufig treffen Mensch und Schlange im Frühjahr aufeinander, wenn beide auf der Su-

▼ Keine Sorge: Die meisten Schlangen nehmen die Beine in die Hand, sobald sie Menschen sehen.

che nach Wärme ihr Winterrevier verlassen. So kam es 2017 zu einer regelrechten »Invasion« von Schlangen in österreichischen Gärten, als die früh aus der Winterstarre erwachten Schlangen infolge eines Kälteeinbruchs von (künstlichen) Wärmequellen angelockt wurden. Ernsthafte Folgen blieben jedoch aus: Todesfälle durch Schlangenbisse sind keine überliefert, weder aus 2017, noch aus anderen Jahren, und so mancher Gärtner schätzt die Schlangen sogar, weil sie helfen, alles zwischen Feld und Kleingarten von »Ungeziefer« frei zu halten.

FAZIT: Die Kreuzottern kommen in ganz Österreich vor, die anderen Vipern vor allem an der Südgrenze zu Italien und Slowenien. Wer die Tiere in der freien Wildbahn beobachten will, ist beispielsweise am Zollnersee im Gailtal bestens aufgehoben – die gesamte Region der Karnischen Alpen gilt als Schlangenparadies. Auf der Suche nach einem Prachtexemplar darf hier kein Stein auf dem anderen bleiben!

Als Wanderer ist es ein Leichtes, Schlangen auszuweichen, die sich auf dem Weg sonnen. Schwieriger ist es für Kletterer, die im Fels hängen und sich womöglich erschrecken, wenn ihnen plötzlich eine Schlange aus nächster Nähe tief in die Augen schaut. Für zusätzlichen Nervenkitzel auf der Schuppenkriechtier-Expedition sollte daher die Kletterausrüstung nicht fehlen.

ALKOHOL

OKTOBERFEST, MÜNCHEN

SPANNUNG **GEFAHR** **FAMILIENFREUNDLICHKEIT**

Der Deutsche konsumiert pro Jahr im Schnitt elf Liter reinen Alkohol. Das mag viel sein oder wenig, je nach Sichtweise, doch kommt auf jeden, der wenig bis nichts trinkt, immer auch jemand, der deutlich über die Stränge schlägt. Je nach Quelle schüttet jeder sechste Deutsche riskante Mengen an Alkohol in sich hinein oder steht gleich jeder Dritte an der Schwelle zum

▼ So viel Kultur auf kleinstem Raum: Von Umpah-Musik bis Komasaufen wird alles geboten.

Alkoholismus. Und das obwohl der bunte Strauß an Gefahren, die vom liebsten Rauschmittel ausgehen, bestens dokumentiert ist: Über 200 Krankheiten lassen sich direkt auf den Konsum von Alkohol zurückführen. Langfristig schlägt er vor allem auf die Leber, kurzfristig hält er Herz und Kreislauf auf Trab – wer sich abschießt, kann mit Rhythmusstörungen bis hin zum Vorhofflimmern (!) rechnen. Gut zwei Prozent aller Todesfälle sind direkt auf Alkohol zurückzuführen; indirekt sind es natürlich noch deutlich mehr – kaum eine Krebsart, deren Risiko sich nicht vervielfacht, wenn sie regelmäßig mit Ethanol gefüttert wird, und vom Autofahren ganz zu schweigen.

Das Ganze mündet in erstaunliche Kosten: Gesamtwirtschaftlich werden sie auf 40 Milliarden Euro geschätzt, doppelt so viel Knete, wie vom Bund für Bildung und Forschung ausgegeben wird. Getrieben werden die Kosten durch die notwendigen medizinischen Behandlungen. Eine halbe Million Krankenhausaufenthalte lassen sich jedes Jahr auf überhöhten Alkoholkonsum zurückführen.

WER LUST AUF EINEN KRÄFTIGEN KULTURSCHOCK HAT, KANN JA MAL NÜCHTERN AUF DIE WIESN GEHEN. SO VERLIERT AUCH DER TOD AN SCHRECKEN.

Eine halbe Million ist auch die Zahl verzehrter Brathendl auf dem Münchner Oktoberfest, dem weltweit beliebtesten Volksfest, das alljährlich im September stattfindet. Wenige Veranstaltungen stehen so sehr für den Exzess wie die Wiesn – allenfalls der Karneval zwischen Köln und Mainz kann da noch mithalten. Beiden Festen ist gemein, dass diejenigen, die mit Kind und Kegel feiern wollen, mit denen zusammenstoßen, die nur eine bequeme Ausrede fürs Komasaufen suchen. Und auch das hat Tradition: 1901 verlieh man auf dem Oktoberfest erstmals ein »Diplom« für den erfolgreichen Konsum von zehn Litern Bier.

Je mehr man über die Wiesn liest, desto schwerer ist es zu glauben, dass das Vergnügen im Vordergrund stehen soll. Eine der wichtigsten Kennzahlen ist die Anzahl der Minuten, die zwischen dem legendären Fassanstich durch den amtierenden Oberbürgermeister und der ersten Alkoholvergiftung liegen. Und dann ist da noch der Verein gegen betrügerisches Einschenken, der sich gegen die Unsitte auflehnt, weit mehr als 10 Euro pro Liter Bier zu verlangen, aber das Glas nicht mal ansatzweise zu füllen. Zum Thema Kosten sei nur die Wortneuschöpfung »Bierpreisbremse« genannt – es darf schließlich nicht sein, dass die Kosten für eine Maß doppelt so schnell wachsen wie die Inflation!

Es führt also kein Weg an der Erkenntnis vorbei: Die Wiesn ist ein Fest der Superlative. Rund sechs Millionen Gäste aus aller Welt besuchen das Volksfest jedes Jahr. So viele, dass mittlerweile ein »Wiesn-Barometer« die erwartete Auslastung der verschiedenen Zelte vorhersagt – für alle, die dem naiven Glauben erliegen, man könne ja spontan aufschlagen.

FAZIT: In der zweiten Septemberhälfte öffnet die Wiesn ihre Pforten; zur gleichen Zeit springen die Hotelpreise im Umkreis von hundert Kilometern in astronomische Höhen. Der Beliebtheit des Oktoberfests schadet dies nicht: Für jeden Münchner, der sagt, ihm werde es aber nun endgültig zu teuer, stehen zwei Italiener, Japaner, Australier oder US-Amerikaner bereit, um seinen Platz in der Schlange einzunehmen.

Wer die deutsche Leitkultur live erleben möchte, hat zwei Möglichkeiten: einmal als Säufer, der sich selbst abschießen will, oder – Nerven aus Stahl vorausgesetzt – als stiller Beobachter. Tagsüber versucht man noch, mit sanfter Blasmusik eine »Ballermann-Atmosphäre« zu verhindern, doch ab einer gewissen Uhrzeit wird's schwierig. Dann stolpern unzählige Besoffene wie Zombies umher, blockieren den Verkehr oder schlafen zu einer schrillen Nachtmusik aus Schlagern ihren Rausch auf einem Kopfkissen aus Erbrochenem aus.

▸ Was ist der Unterschied zwischen dem Ruhrgebiet und Paris? Das Ruhrgebiet ist voll mit Erdlöchern.

TAGEBRUCH

HATTINGEN, NORDRHEIN-WESTFALEN

SPANNUNG **GEFAHR** **FAMILIENFREUNDLICHKEIT**

Im Jahr 2013 kam der Bahnverkehr auf einer der wichtigsten Strecken Deutschlands fast zum Erliegen. Für mehrere Wochen mussten zahlreiche Züge, die den Essener Hauptbahnhof ansteuern wollten, umgeleitet werden oder durften nur mit Schrittgeschwindigkeit ein- und ausfahren – mit entsprechenden Folgen für Reisezeit und Pünktlichkeit. Der Grund: In der Nähe des Bahnhofs wurde ein Schacht aus den 1840er-Jahren gefunden, der zu kollabieren drohte. Bei Probebohrungen in der Umgebung stieß man auf weitere Hohlräume in der Nähe, sie alle mussten aufwendig mit Spezialbeton aufgefüllt werden, um das Absacken der Bahngleise zu verhindern.

Dabei sind Tagebrüche im Ruhrgebiet mittlerweile Alltag; fast jeden zweiten Tag tut sich irgendwo der Boden auf. Meist sind es kosmetische Probleme, aber hin und wieder werden auch ganze Gebäude verschluckt – oder arglose Passanten finden sich urplötzlich 15 Meter tiefer in einer Grube unter dem Bürgersteig wieder.

Der Bergbau hat im Ruhrgebiet seine Spuren hinterlassen. Die gesamte Region ist unterirdisch durchlöchert wie der sprichwörtliche Schweizer Käse. Bei über 1.000 Stollen ist mit weiteren Einstürzen zu rechnen, bei mehr als 60 ist man sich nicht einmal sicher, wo sie überhaupt verlaufen. Dazu kommen – ebenfalls geschätzt – mehr als 60.000 Tagesöffnungen, sprich: Schächte, Lichtlöcher und Stolleneingänge. Und diese Zahlen beziehen sich nur auf den legalen Bergbau; was hier und dort »wild« abgebaut wurde, bleibt auf absehbare Zeit ein Geheimnis.

Und das sind noch die guten Nachrichten. Fakt ist, dass durch den Kohlebergbau im Ruhrgebiet derart viel Erdreich entfernt wurde, dass die gesamte Region abgesackt ist. Essen liegt heute 16 Meter tiefer als vor der industriellen Kohleförderung, an einigen Stellen ist der Grund gar 25 Meter abgesackt. Unglücklicherweise liegt damit fast ein Fünftel des Ruhrgebiets unter dem Grundwasserspiegel. Rund um die Uhr, bis zum Ende aller Zeiten müssen daher gigantische Pumpen das Grundwasser künstlich absenken, um zu verhindern, dass die Mecklenburgische Seenplatte Konkurrenz aus NRW bekommt. Spötter sehen in diesem drohenden Szenario auch eine Chance, zumal von »Ewigkeitskosten« von 220 Million

Kaum gehen die Pumpen aus, entsteht exakt hier ein neues Venedig.

Euro pro Jahr die Rede ist, um trockene Füße zu behalten.

FAZIT: Eine Zeche zu finden ist im Ruhrgebiet keine Leistung. Auch eine unzureichend geschützte Tagesöffnung von anno dazumal sollte sich ohne große Mühen aufspüren lassen – und unter der Erde warten dann die Abenteuer!

Besonders betroffen von (möglichen) Tagebrüchen ist die Stadt Bochum, wo geschätzte 43 Prozent der Fläche bedroht sind. Ein guter Startpunkt für Exkursionen ist zudem die nahe gelegene Stadt Hattingen: Dort fand der Abbau der Kohle dicht unter der Oberfläche statt, was nicht nur die Chancen erhöht, auf einen kollabierenden Stollen zu stoßen, sondern auch eine Überschwemmung leibhaftig mitzuerleben. Nach einem Starkregen schießt das Wasser durch die verlassenen Schächte und findet mitunter erstaunliche Wege zurück an die Oberfläche. Daher: Tauchausrüstung nicht vergessen!

VERIRRUNG

RIESENDING, BISCHOFSWIESEN, BAYERN

SPANNUNG	GEFAHR	FAMILIENFREUNDLICHKEIT
5/5	5/5	1/5

Im Jahr 1996 im Land der Dichter und Denker: Eine Gruppe von Forschern entdeckt auf dem Gipfelplateau des Untersbergs das größte Höhlensystem Deutschlands. Überrascht von den Ausmaßen taufen sie es »Riesending« – ein Name, der sich bis heute gehalten hat.

Unerklärlicherweise vergingen weitere sechs Jahre, bevor das Riesending erstmals ernsthaft erkundet wurde. Vom Dach des Untersbergsmassivs reicht die Höhle 1.149 Meter in die Tiefe; vom ersten Schritt an erwartet Forscher und Neugierige schwierigstes Kletterterrain. Das gesamte System hat eine Länge von mindestens 21,3 Kilometern, vermutlich sind es deutlich mehr. In der Tiefe warten Quergänge, Wasserfälle, ein dreißig Meter langer See, der nur mit einem Boot überquert werden kann, Röhren, Schächte und Canyons – und all das bei Temperaturen knapp über dem Gefrierpunkt und fast hundertprozentiger Luftfeuchtigkeit. Jede Expedition ins Riesending ist anstrengend, höchst anspruchsvoll und nimmt gleich mehrere Tage in Anspruch.

Über ein Jahrzehnt wurde der Eingang zum Höhlensystem wie ein Familiengeheimnis gehütet – zu groß war die Sorge vor dem Risikotourismus. Doch 2014 war es damit jäh vorbei: Ein professioneller Höhlenforscher wurde in der Tiefe des Riesendings, fast ganz am Ende des bekannten Höhlensystems, bei einem Steinschlag schwer verletzt. Als sei ein Schädel-Hirn-Trauma an sich noch nicht furchteinflößend genug, brauchte einer seiner beiden Begleiter satte zwölf Stunden, um auch nur den Ausgang zu erreichen und Alarm schlagen zu können. Der erste Arzt traf vier Tage später an der Unfallstelle ein, zwei Tage später begann der Abtransport des Verletzten. Mit Un-

▸ Zwischen Himmel und Höhle: Schauplatz einer dramatischen Rettungsaktion

terstützung von über 200 Rettern und insgesamt 700 Helfern gelang es schließlich, den Verletzten zu bergen, und zwar mit reiner Muskelkraft über einen Zeitraum von weiteren sechs Tagen – macht unterm Strich knappe zwei Wochen in der Finsternis mitsamt lebensbedrohlicher Verletzung. Kostenpunkt: eine knappe Million Euro plus viele, viele Nerven.

Wenig überraschend wurde über die Rettungsaktion in den internationalen Medien ausführlich berichtet; weder die Existenz des Riesendings noch der Zugang ließen sich weiter verheimlichen. Aus Sicherheitsgründen brachte man daher ein Gitter an, das Unbefugte daran hindern sollte, sich zu der Höhle Zugang zu verschaffen und selbst in Gefahr zu bringen. Seitdem ist der Zutritt nur noch erfahrenen Forschern gestattet, die ein »berechtigtes Interesse« nachweisen können. Ebenso wenig überraschend wurde das Gitter ein Jahr später aufgebrochen – niemand weiß, von wem oder weshalb, nicht einmal, ob tatsächlich jemand in die Höhle eingestiegen ist. Falls ja, ist derjenige bis heute drin, denn die Absperrung wurde kurz darauf wieder zugeschweißt.

FAZIT: Seit Jahrhunderten ranken sich um den Untersberg alle möglichen Sagen und Legenden. Das Sahnehäubchen auf den Mythos Untersberg setzte jedoch niemand geringerer als der Dalai-Lama, der ihn spontan zum »Herz-Chakra Europas« ernannte. Man darf also getrost davon ausgehen, dass innerhalb des Riesendings nicht alles mit rechten Dingen zugeht.

Obwohl die Höhle auf deutschem Gebiet liegt, gestaltet sich der Zugang über die österreichische Seite deutlich einfacher: Ab Salzburg fahren Busse nach Grödig, von dort führt eine kühne Seilbahn direkt auf den Untersberg. Ab der Bergstation wandert man Richtung Berchtesgadener Hochthron; kurz vor Ende der Tour, wenn sich linker Hand der Gamsalpkopf erhebt, findet sich rechter Hand eine Abzweigung, die direkt zum Einstieg führt. Wer Zugang wünscht, kann diesen zuvor in der Gemeinde Bischofswiesen beantragen. Zur Belohnung wartet ein über weite Teile unberührtes oder gar unberührbares Höhlensystem tief, tief unter der Erde – ohne Ausgang …

SKIUNFALL

STREIF, KITZBÜHEL, TIROL

SPANNUNG **GEFAHR** **FAMILIENFREUNDLICHKEIT**

Skifahren ist nicht die gefährlichste Sportart, aber unter den Risikosportarten die am leichtesten zugängliche. Während es für Normalsterbliche schwierig bis unmöglich sein dürfte, einfach so zum Eistauchen oder Drachenfliegen zu gehen, spricht nichts dagegen, sich eine Skiausrüstung zu leihen, in der komfortablen Seilbahn samt Sitzheizung bis auf knapp 4.000 Meter hinaufzuschweben und sich schwarze Pisten hinabzustürzen, die eigentlich für Profis gedacht sind. Da ist es kaum verwunderlich, dass in beliebten Wintersportzentren im Tal bereits der Krankenwagen wartet – Unfälle sind quasi vorprogrammiert. Die meisten Unglücke sind freilich vermeidbar, die Hauptursache heißt Selbstüberschätzung.

Wer nicht aktiv am Geschehen teilnehmen mag, sich aber an spektakulären Unfällen erfreuen kann, ist mit den alljährlichen Abfahrtsrennen an der Hahnenkammpiste bestens beraten: Die Streif oberhalb von Kitzbühel gilt als wohl schwierigste, zumindest aber gefährlichste Piste der Welt. Die nackten Zahlen sprechen dabei für sich: Einen Höhenunterschied von 860 Metern und eine Strecke von 3.312 Metern legen die erfahrensten Fahrer in deutlich weniger als zwei Minuten zurück. An ihren steilsten Abschnitten beträgt das Gefälle 85 Prozent; oft ist die Piste zudem vereist, was das Fahren zusätzlich erschwert, im Gegenzug aber sensationelle Geschwindigkeiten ermöglicht (der Rekord liegt bei 153 Kilometern pro Stunde). Selbst Fliegen scheint möglich: An einigen Stellen sind Sprünge von 80 Metern erreicht worden. Die körperlichen Belastungen des Abfahrtslaufes sind enorm und gleichen zeitweise denen eines Kampfjet-Piloten. Damit dürfte klar sein, dass die Piste keine technischen Fehler erlaubt. Ein Sekundenbruchteil Unaufmerksamkeit entscheidet hier zwischen Ruhm, Ehre, einem ansehnlichen Preisgeld von über 50.000 Euro und einem verfrühten Lebensabend als dahinvegetierendes Gemüse.

Und doch scheitern selbst die Profis immer wieder an der Herausforderung. Alle paar Jahre kommt es zu einem schweren Sturz, die Liste an schweren Verletzungen ist beeindruckend: Gehirnerschütterung, Knieverletzung, Beckenzertrümmerung, Schädel-Hirn-Trauma gehören zum Standard. Mehrmals waren die Unfallfolgen so schwer, dass die Sportler ins Koma fielen oder in ein künstliches Koma versetzt wurden, um ihnen das Leben zu retten. Für einige markierte ein Lapsus auf der Streif gleich das Karriereende.

Da es sich bei den Hahnenkammrennen um große Sport-Events handelt (die zudem jedes Jahr von rund 50.000 Fans vor Ort verfolgt werden), sind die legendärsten Stürze auch live in alle Welt übertragen worden und bis heute im Internet abrufbar, darunter auch solche, bei denen die Fahrer auf dem Zielhang die Kontrolle verlieren und dann leblos wie eine Stoffpuppe über die Ziellinie schlittern. Das Publikum gibt sich in solchen Fällen schockiert, klagt aber in Jahren ohne Stürze auch gern über Langeweile. Nach dem ausführlichen Studium dieser Unfälle lautet die zentrale Erkenntnis, dass es an ein Wunder grenzt, dass bislang nicht weit mehr passiert ist.

Und das gilt bereits für die absoluten Profis: Außerhalb der World-Cup-Rennen ist die Piste prinzipiell für jedermann offen. Selbst wenn man nur halb so schnell unterwegs ist wie die Rekordhalter, kann ein Moment der Unachtsamkeit die gleichen Folgen haben wie ein Sturz aus dem achten Stock eines Gebäudes. Die meisten Verunglückten schaffen die Einweisung ins Krankenhaus ohne Fremdbeteiligung, ganz allein. Der typische Patient ist männlich und verletzt sich aufgrund von Erschöpfung (und vielleicht Alkoholisierung) am Nachmittag und wird mit einem Knochenbruch davongetragen. Weniger Glück haben die etwa 40 Sportler, die jedes Jahr auf österreichischen Pisten in die ewigen Jagdgründe überwechseln.

BLUT MUSS FLIEßEN

FAZIT: Wer Wintersport liebt, ist in Österreich sowieso richtig. Kitzbühel zählt – auch völlig unabhängig von der Streif – zu den beliebtesten Urlaubszielen des Landes. Das macht die Anreise zur Streif denkbar einfach: Vom Stadtzentrum sind es nur 10 Minuten bis zur Talstation der Hahnenkammbahn, die einen direkt zum Startpunkt des legendären Abfahrtsrennens trägt.

Wer keine akute Todessehnsucht verspürt, aber trotzdem neugierig auf die Streif ist, dem sei das »Vertical Up«-Rennen empfohlen, bei dem die Sportler die Streif nach Sonnenuntergang von unten nach oben bewältigen müssen – egal wie. Die Wahl von Material und Hilfsmitteln für den Aufstieg ist völlig frei, dafür ist die Abfahrt mit der Seilbahn Pflicht.

▾ Nur das Geräusch brechender Knochen und reißender Gliedmaßen durchschneidet die winterliche Stille …

20
A1
Hahnenkammbahn
nach Kitzbühel

STRÖMUNG

EISBACHWELLE, MÜNCHEN, BAYERN

SPANNUNG	GEFAHR	FAMILIENFREUNDLICHKEIT
3/5	3/5	3/5

Mitten in München, mehr als 300 Kilometer vom Meer entfernt, liegt einer der berühmtesten Surfspots Deutschlands. Am südlichen Ende des Englischen Gartens findet sich die Eisbachwelle – das »Wellenwunder« der bayerischen Landeshauptstadt. Die aus Süden kommende Isar wird an dieser Stelle in mehrere Kanäle geleitet, die durch den Park mäandern; der wasserreichste von ihnen wurde als der Eisbach bekannt.

Dieser bildet in der Nähe vom Haus der Kunst, wunderbar einsehbar von einer Brücke über den Kanal, eine stehende Welle, die mittlerweile Surfer aus aller Herren Länder anlockt. Die große Fließgeschwindigkeit und ein unterirdisches Hindernis sorgen jahrrund für eine surfbare Stromschnelle. An schönen Sommertagen ist die Schlange williger Wellenreiter schon mal so lang, dass einige von ihnen am Ende eines sonnigen Nachmittages unverrichteter Dinge wieder abziehen müssen. Das war freilich nicht immer der Fall: Lange Zeit war die Eisbachwelle nur befahrbar, wenn sich genügend Kies angesammelt hatte – sprich in wenigen Wochen im Jahr. Die Legende besagt jedoch, dass es ein arbeitsloser Motorradrocker gewesen sein soll, der in seiner Freizeit – und natürlich völlig ungefragt – eine Eisenbahnschwelle im Wasser montierte, die nun für eine stete Welle sorgt. Selbst war der Mann.

Heute ist das Surfen ein Touristenmagnet, ganz anders als noch im letzten Jahrhundert: Es gibt Berichte von Wellenreitern, die von Polizisten mit gezückter Waffe durch den Englischen Garten gejagt worden sein sollen, weil sie illegal Surfen waren. Der Freistaat wollte ursprünglich ein rigoroses Verbot durchsetzen, weil er das Risiko eines Unfalls nicht tragen wollte. Doch seit 2009 wird das Surfen auf einem kurzen Abschnitt des Eisbachs toleriert – solange es sich um geübte Wellenreiter handelt (was sich natürlich im Vorhinein nicht prüfen lässt).

MIT DEM SURFBRETT IN DEN BIERGARTEN? MÖGLICH, ABER NUR IN MÜNCHEN MACHT ES AUCH SINN.

Und damit sind wir auch schon direkt bei einem so bekannten wie verbreiteten Problem: der Selbstüberschätzung. Eine stehende Welle in einem öffentlichen Park mag harmlos anmuten, birgt aber ein erstaunliches Gefahrenpotenzial. Wer ins reißende Wasser fällt, sollte achtgeben, denn der (übrigens recht enge) Kanal wird nur einmal im Jahr gesäubert. Weshalb sich hier – neben der Eisenbahnschwelle und mehreren Steinquadern – noch unzählige andere Dinge im Wasser finden, an denen man sich prima verletzen kann, etwa weggeworfene Fahrräder oder achtlos entsorgte Bierkrüge. Auch ist die Temperatur nicht zu unterschätzen – dass der Eisbach nicht umsonst Eisbach heißt, trifft so manchen Wassersportler unvorbereitet, Neoprenanzug zum Trotz. Das Wasser kommt direkt aus den nahe gelegenen Alpen und heizt sich selbst im Sommer auf kaum mehr als 16 Grad auf, vom Winter ganz zu schweigen.

Auch wer kein Surfbrett zur Hand hat, kann sich in der Münchner Innenstadt in Gefahr begeben, indem er oder sie im Eisbach schlicht planschen geht. Dazu steigt man neben den Warnschildern »Baden verboten – Lebensgefahr« ins Wasser und lässt sich gen Norden treiben, um sich von einer nahe gelegenen Haltestelle der Tram zwei Stationen zum Ausgangspunkt zurückbringen zu lassen (selbstredend mit Fahrkarte!). Bei dieser eigentlich so entspannt anmutenden Aktion kommt es mit bedrückender Regelmäßigkeit zu Unfällen, darunter auch tödlichen. Wie so oft spielen die niedrige Wassertemperatur, die starke Strömung und die meist ausgelassene Stimmung (= Alkohol) eine Rolle. Ein Todesfall pro Sommer gilt den Behörden als unauffällig; und so appelliert man bis auf Weiteres an die Mündigkeit derer, die hier baden gehen.

▾ Haltung: 10/10

▾ So sieht sie aus, die neue deutsche Welle, die im Eisbach geschaffen wurde.

FAZIT: Bequemer lässt sich eine Sehenswürdigkeit nicht erreichen. Die Haltestelle der Linie 16 hält in unmittelbarer Nähe der Eisbachwelle (Station Nationalmuseum). Von dort aus geht es einfach denjenigen hinterher, die ein Surfbrett unter dem Arm in Richtung Englischer Garten tragen. Für alle, die nur schaulustig sind, ist der Eisbach dank der nackten Sonnenbadenden übrigens eine prima Adresse zum entspannten Spannen nebenbei.

STEILWAND

EIGER-NORDWAND, BERN

SPANNUNG	GEFAHR	FAMILIENFREUNDLICHKEIT
5/5	5/5	1/5

Drei große Nordwände bieten die Alpen; neben den Grandes Jorasses im Mont-Blanc-Massiv sind dies zwei Schweizer Gipfel, das Matterhorn und der Eiger. Ersteres erfreut sich größerer Beliebtheit, während der Eiger mit einem höheren Schwierigkeitsgrad aufwarten kann.

3.967 Meter ist der Eiger hoch; er bildet den östlichen Teil des weltbekannten Dreigestirns mit Mönch und Jungfrau. Seine Nordwand ist mit 1.800 Metern weitestgehend senkrechtem Fels noch einmal doppelt so hoch wie die des Matterhorns. Die meisten Kletterrouten arbeiten sich im Zickzackkurs am Fels ab und erreichen vier Kilometer Länge. Für eine Durchsteigung gilt es also, reichlich Zeit einzuplanen.

Dabei hat sich die Eiger-Nordwand lange Jahre gegen ihre Bezwingung zur Wehr gesetzt. Wie die meisten prominenten Alpengipfel wurde der Eiger bereits Mitte des 19. Jahrhunderts bestiegen – über eine mittelmäßig anspruchsvolle Route, die bis heute den Normalweg darstellt. 1883 gab es erstmals Bemühungen, die Nordwand zu durchklettern, damals noch in dem Glauben, sie sei auf alle Zeiten unbezwingbar. Dieser Glaube wurde dadurch weiter genährt, dass in den nächsten Jahrzehnten erst einmal alle Expeditionen grandios scheiterten, gern auch mit Folgen für Leib und Leben. Die Bilanz war dermaßen verheerend, dass kurzzeitig sogar ein Verbot erlassen wurde.

Die Eiger-Nordwand blieb lange eines der »letzten, ungelösten Probleme« für Kletterer aus aller Welt, weshalb der Fels noch vor der ersten erfolgreichen Durchsteigung im Jahr 1938 (in einer Seilschaft mit Bergsteigerlegende Heinrich Harrer) seinen Spitznamen bereits weghatte: »Eiger-Mordwand«. Mehr als fünfzig Jahre zwischen Erstversuch und Erstbesteigung sind im Alpinismus schließlich eine Ewigkeit. Zuletzt hatte sogar der Führer erfolglos versucht, das Projekt zu beschleunigen, indem er im Falle eines Erfolges eine Goldmedaille bei den Olympischen Spielen 1936 in Berlin in Aussicht gestellt hatte.

Während die Erstbesteigung noch drei Tage in Anspruch nahm, versucht man heutzutage, die Wand an einem Tag zu durchsteigen. Der Rekord liegt übrigens unter zweieinhalb Stunden – eine geradezu übermenschliche Leistung, selbst wenn

▸ Ein Fall für geübte Bergsteiger – und manchmal ein Fall geübter Bergsteiger …

Ausblick aus der Mitte der Eigerwand – mit sehr kleinen Häusern im Hintergrund.

es allein darum ginge, überhaupt 1.800 Höhenmeter in dieser Zeit zu erklimmen, ganz ohne vergletscherte Steilwand vor der Nase. Die Suche nach neuen Routen und neuen Rekorden fordert indes immer neue Opfer: Mehr als 70 Bergsteiger ließen hier bereits ihr Leben, und anders als beim Matterhorn versuchen sich am Eiger nur die Besten. Hier folgt auf jeden Fehler eine intensive, allerdings höchstens dreißig Sekunden andauernde Phase intensiver Reue.

Neben den kletterischen Herausforderungen hat die Nordwand vor allem meteorologische Risiken zu bieten: Die halbrunde Wand ist eines der ersten großen Hindernisse für Wetterfronten aus Norden und Westen, was ihr ein extremes Mikroklima beschert, das sich auch vor deutlich höheren Bergen nicht verstecken muss, mit Stürmen und zweistelligen Minusgraden aus heiterem Himmel. Durch ihre Nord- beziehungsweise Nordostausrichtung bekommt sie wenig Sonnenlicht; Schnee und Eis halten sich dadurch deutlich länger, bilden aufgrund der Steilheit aber umso leichter Lawinen. Eigentlich kein Ort, an dem man sich lange aufhalten möchte.

FAZIT: Ausgangspunkt für Klettereien am Eiger sind die Stationen der Jungfraubahn zwischen Grindelwald und Jungfraujoch. Eine ehemalige Station in der Eigerwand verschaffte Touristen jahrelang die einmalige Gelegenheit, mitten aus der Nordwand heraus einen Blick auf Grindelwald zu erhaschen – ein Erlebnis, das sonst nur Extrembergsteigern vorbehalten ist. Die Fenster der Station mitten in der Nordwand sind aus dem Tal gut zu erkennen. Bereits ein Stück vor dem Bahnhof liegt – für die Bahngäste kaum zu sehen – das berühmte Stollenloch. Beim Bau der Bahn wurde eine große Menge des anfallenden Schutts hier einfach aus dem Fenster geworfen. Heute ist die Öffnung durch eine Holztür verrammelt, die zum einen Ausgangspunkt für Klettertouren ist (die Bahn hält auf Wunsch), zum anderen aber schon so manchem Bergsteiger das Leben gerettet hat, der seine Fähigkeiten über- oder das Wetter unterschätzt hat. Eine Steilwand mit Notausgang mittendrin – so etwas ist weltweit einzigartig.

ALTER

DER GANZE REST

SPANNUNG | GEFAHR | FAMILIENFREUNDLICHKEIT

Von der Nordsee bis in die Hochalpen, vom Bergsteigen bis zum Wattwandern, von der Naturgefahr bis zur unbedachten Abfahrt auf der schwarzen Skipiste: Auch in Deutschland, Österreich und der Schweiz bieten sich zahlreiche Möglichkeiten, sich selbst und seine Mitmenschen im Tausch gegen einen Nervenkitzel in akute Gefahr zu bringen.

Handelt es sich daher um die gefährlichsten Orte und Tätigkeiten, die es hierzulande gibt?

Ganz klare Antwort: Jein. Die in diesem Atlas vorgestellten Risiken sind auch mit viel Fantasie nicht für die häufigsten Verletzungen und Todesfälle verantwortlich, sondern stehen nur die exquisitesten. Darüber hinaus illustrieren sie überdeutlich, wie verkehrt die menschliche Sicht der Dinge oftmals ist, wenn es darum geht, tatsächliche und bloß eingebildete Gefahren auseinanderzuhalten.

Das Leben ist gefährlich und endet meistens tödlich. Die Frage ist lediglich, ob man selbst schuld ist. Am meisten Angst hat der Normalsterbliche vor der Reise im sichersten Verkehrsmittel, dem Flugzeug. Nicht einmal zu Fuß ist man so sicher unterwegs wie in der mit leicht entzündlichem Treibstoff gefüllten Röhre, die mit 900 Sachen in der oberen Troposphäre umherdüst; vom Auto ganz zu schweigen.

Schenkt man vielfach kolportierten Zeitungsberichten Glauben, hat der Durchschnittsbürger Angst, wahlweise an Feinstaub oder an Stickoxiden zu verenden. Und beruhigt sich nach der Lektüre derartiger Thesen erst einmal mit einer Zigarette – womit wir schon am ersten Eckpunkt des magischen Vierecks der Selbstzerstörung sind: Rauchen, Alkohol, ungesunde Ernährung und Schlafmangel sind die eigentlichen Killer im Land, egal, ob man gerade hinterm Steuer sitzt oder nicht. Große Sorgen macht man sich über alles, was in den nächsten hundert Jahren weltweit schiefgehen könnte, aber ein Spaziergang im Wald bei Sturm oder eine Fahrt auf dem Rad ohne Fahrradhelm bereiten uns kein Kopfzerbrechen, sondern tragen vielmehr zur Beruhigung bei, weil man ja »wieder näher an der Natur ist«.

Mit großer Besorgnis blicken wir auf die Rate der HIV-Neuinfektionen – einer Krankheit, die sich durch den Verzicht auf intravenös gespritzte Drogen und die Nutzung einer Erfindung aus dem 18. Jahrhundert namens Kondom faktisch ausschließen lässt. Zugleich weigert sich ein Teil der Bevölkerung beharrlich, sich und die Kinder gegen wesentlich bedrohlichere Infektionen impfen zu lassen. Was derweil killt, sind Grippeviren und, vor allem in Zukunft, MRSA – gegen die üblichen, viel zu häufig verschriebenen Antibiotika resistente Bakterien, die sich in Krankenhäusern pudelwohl fühlen.

Unser Hirn schaltet in den Alarmmodus, sobald es um Schlangen, Bären oder Wölfe geht. Doch wie sich zeigt, ist das Risiko, diese Tieren auch nur aus der Entfernung zu sichten, minimal. Ganz anders bei den Insekten: Eine konkrete Gefahr geht aus von Zeckenbissen, die schwere Krankheiten verursachen, und Bienenstichen – nicht Hornissen, nicht einmal die verhassten Wespen, sondern die gute alte, fleißige Honigbiene sticht alle anderen Insekten aus.

MAN SOLLTE NICHT IMMER NUR AN SICH DENKEN:

AUCH DER SENSENMANN FREUT SICH SICHERLICH ÜBER ABWECHSLUNG.

Apropos eigenes Heim: Oft heißt es, ein Großteil aller Unfälle passiere im Haushalt. Dies lässt sich präzisieren – die Unfälle passieren auf Leitern und Treppen, hin und wieder auch mit Glas und Messer.

Und wer all diese Gefahren des Alltags meistert, bis er im hohen Alter ins Greisenasyl geschoben wird, könnte dort womöglich einer Hitzewelle zum Opfer fallen. Nicht, weil diese besonders bedrohlich wäre – Kälte ist deutlich gefährlicher –, sondern aufgrund der typisch deutschen Phobie vor Zugluft. Anstelle Opi einen Ventilator zur Seite zu stellen, der ihn kühlen und ihm damit das Leben retten würde, sorgt man sich, dass er sich eine Erkältung einfangen könnte, die – auch das seit Ewigkeiten bekannt – nicht durch Kälte verursacht wird, sondern durch schnöde Rhinoviren.

FAZIT: Man kann auch einhundert Jahre alt werden, ohne einen einzigen Tag gelebt zu haben.

BILDNACHWEIS

S. 8/9: Schwabenblitz/Shutterstock.com
S. 13: LaMiaFotografia/Shutterstock.com
S. 14/15: Andreas Gerhardinger/ Shutterstock.com
S. 17: Victor FlowerFly/Shutterstock.com
S. 18/19: Andrew Mayovskyy/ Shutterstock.com
S. 22/23: Stefan Dinse/Shutterstock.com
S. 25: MGy/Shutterstock.com
S. 26/27: blueQmedia/Shutterstock.com
S. 30/31: Conbook Verlag
S. 33: m.wolf/Shutterstock.com
S. 34/35: D-VISIONS/Shutterstock.com
S. 36/37: Elenarts/Shutterstock.com
S. 39: rkl_foto/Shutterstock.com
S. 40/41: travelpeter/Shutterstock.com
S. 43: LaMiaFotografia/Shutterstock.com
S. 44/45: pasibald92/Shutterstock.com
S. 46: Dirk Schuermann/Shutterstock.com
S. 48/49: Neo_II/Mario Habenbacher/ Flickr.com CC BY-SA 2.0
S. 50: Neo_II/Mario Habenbacher/ Flickr.com CC BY-SA 2.0
S. 52: Andrey Solovev/Shutterstock.com
S. 54/55: M_H.DE/Wikimedia
S. 59: Markus Lesweng
S. 60/61: Markus Lesweng
S. 63: Rainer Lesniewski/Shutterstock.com
S. 65/66: Ewa Draze/Shutterstock.com
S. 66: Steven Klaassens/Shutterstock.com
S. 68/69: Michael Bogner/Shutterstock.com
S. 71: Lucky Business/Shutterstock.com
S. 72/73: fusebulb/Shutterstock.com
S. 74: Christopher Ludwig/Shutterstock.com
S. 75: Wolfgang Simlinger/Shutterstock.com
S. 76/77: Bobbyjoe/Shutterstock.com
S. 78: Julian Wiskemann/Shutterstock.com
S. 80: DaLiu/Shutterstock.com; Kaesler Media/ Shutterstock.com
S. 81: Sergey Dzyuba/Shutterstock.com
S. 83: iStockPhoto.com/agustavop
S. 84/85: Ekaterina Grivet/Shutterstock.com
S. 86: Nadezhda Zaitceva/Shutterstock.com
S. 88/89: DeepGreen/Shutterstock.com
S. 90: mitifoto/Shutterstock.com
S. 92/93: Scott Biales DitchTheMap/ Shutterstock.com
S. 94/95: iStockPhoto.com/TomasSereda
S. 96/97: iStockPhoto.com/Perszing1982
S. 98/99: Conbook Verlag
S. 102/103: iStockPhoto.com/scubaluna
S. 105: iStockPhoto.com/Pavliha
S. 106/107: iStockPhoto.com/Zwilling330
S. 109: iStockPhoto.com/huettenhoelscher
S. 110/111: huettenhoelscher/Bickstock.com
S. 113: Galina Lysenya/Shutterstock.com
S. 114/115: DR pics/Shutterstock.com
S. 117: COLOMBO NICOLA/Shutterstock.com
S. 118/119: Pavel Szabo/Shutterstock.com
S. 121: iStockPhoto.com/Nikada
S. 122/123: iStockPhoto.com/Nikada
S. 125: canbedone/Shutterstock.com

S. 126/127: iStockPhoto.com/genekrebs

S. 128/129: Silesia711/Wikimedia CC BY-SA 4.0

S. 131: Screenshot Youtube-Video Sanatorium G. von KennyRubick – Discover your Neighborhood

S. 133: iStockPhoto.com/VisualCommunications

S. 134/135: Lenush/Shutterstock.com

S. 136: Ramsch/Wikimedia CC BY-SA 4.0

S. 138: Michael Thaler/Shutterstock.com

S. 140/141: Gherardo Cavalieri/Shutterstock.com

S. 143: Flugklick/Shutterstock.com

S. 146/147: Leonid Andronov/Shutterstock.com

S. 149: travelview/Shutterstock.com

S. 151: KONDRATEV ALEXEY/Shutterstock.com

S. 153: Luxorpictures/Shutterstock.com

S. 155: iStockPhoto.com/lcepparo

S. 156/157: Oleg Voronische/Shutterstock.com

S. 159: Aleksandar Malivuk/Shutterstock.com

S. 160/161: Igor Marx/Shutterstock.com

S. 162/163: Carinthian/Shutterstock.com

S. 164/165: anandoart/Shutterstock.com

S. 167: DerFalkVonFreyburg/ Wikimedia CC BY-SA 4.0

S. 168/169: Jacob Roschinski/Shutterstock.com

S. 171: Markus Leitner, Bayerisches Rotes Kreuz, Kreisverband Berchtesgadener Land

S. 174/175: UbjsP/Shutterstock.com

S. 177: RudiErnst/Bickstock.com

S. 178/179: Luisa Fumi/Shutterstock.com

S. 181: Markus Lesweng

S. 182/183: Markus Lesweng

Der Bildband zum wichtigsten Japan-Trend für das Jahr 2020

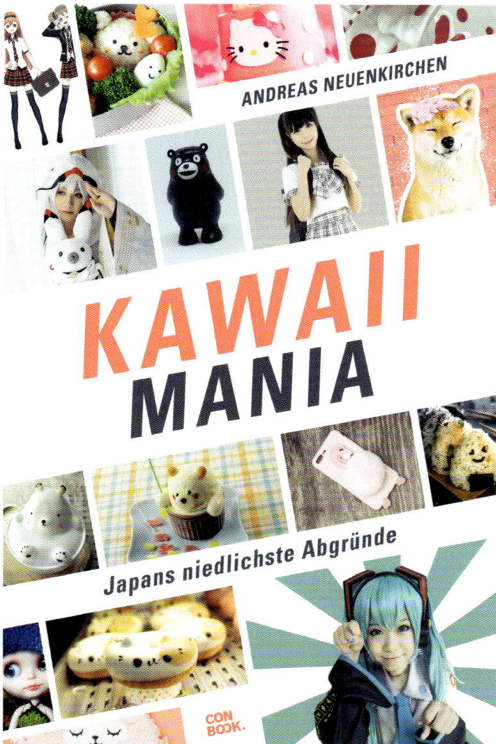

Ein Land, ein Wort: *kawaii* heißt »niedlich« – und noch viel mehr. Von der knüppelharten Heavy-Metal-Band bis zum dringlichen Mahnschreiben vom Finanzamt – alles in Japan muss *kawaii* sein. Süße Figurenerklären das Land und begleiten durchs Leben.

Dieses Buch taucht tiefer ein in Japans Niedlichkeitswahn und berichtet von den Wahlen der beliebtesten Lokalmaskottchen, bei denen längst mit ähnlich harten Bandagen gekämpft wird wie in der richtigen Politik. Es nimmt Sie mit in die Straßen von Shibuya, Harajuku und Akihabara, wo kawaii als Mode und Lifestyle gelebt wird. Und es zeigt die dunklen Seiten der bedingungslosen Verniedlichung.

Andreas Neuenkirchen
Kawaii-Mania
Japans niedlichste Abgründe

ISBN 978-3-95889-198-2
ISBN 978-3-95889-328-3

CON
BOOK.

Der Arzt, dem die Kiwis vertrauen

Auch in einem Land, in dem sechsmal so viele Schafe leben wie Menschen, wollen die Einwohner medizinisch versorgt sein. Also macht sich der deutsche Doc Mark Weinert auf und zieht mit seiner Familie ans andere Ende der Welt.

Fortan ist er in Neuseeland als Narkosearzt für das Leben seiner Patienten verantwortlich, und schnell erfährt er, warum sich trotz mancher Ähnlichkeiten nicht nur die Kultur, sondern auch die Medizin zwischen den Halbkugeln gehörig unterscheidet. Oder wussten Sie, was der Arztberuf mit einer Autobahnfahrt gemeinsam hat, welche chronischen Erkrankung bei den Kiwis besonders in sind und wie man sich verhält, wenn das Krankenhaus von einem Erdbeben erfasst wird?

Mark Weinert
Doc Why Not
Der Arzt, dem die Kiwis vertrauen

ISBN 978-3-95889-316-0
ISBN 978-3-95889-320-7

CON BOOK.

Mut zur Lücke – der geilsten Lücke im Lebenslauf

Er wurde angeschossen und ausgeraubt, durchsegelte einen Hurrikan auf dem Pazifik, war als Schmuggler unterwegs, wurde verhaftet und verdiente ein paar Dollar als Stripper in Las Vegas – Nick Martin hat in sechs Jahren knapp 70 Länder auf fünf Kontinenten bereist und damit mehr fürs Leben gelernt als mit jeder noch so steilen Karriere.

Aus all diesen Erfahrungen hat Nick ein besonderes Werk erschaffen: Gemeinsam mit der Berliner Autorin Anita Vetter hält er sein Leben in einem erzählerischen Bildband fest.

»Mit Herz und Humor nimmt uns Nick mit auf seine Abenteuer – sein Buch ist eine Pflichtlektüre für Weltendecker!«
(STA Travel)

Nick Martin
Die geilste Lücke im Lebenslauf
6 Jahre Weltreisen

ISBN 978-3-95889-249-1
ISBN 978-3-95889-273-6

Der Atlas für Waghalsige, Leichtsinnige und Lebensmüde

Ob malerisch, unberührt oder wild: So manches Reiseziel erweist sich als riskantes Unterfangen. Ideal für diejenigen, die auf der Suche nach Nervenkitzel sind, ihre Versicherung betrügen möchten oder bei deren Schwiegermutter es nach einem Unfall aussehen muss.

How to Kill Yourself Abroad nimmt Sie mit auf eine Tour rund um den Globus entlang der gefährlichsten Orte, die Mensch und Natur geschaffen haben. Jenseits der ausgetretenen Pfade erwarten Sie Seen aus purer Säure, angriffslustige Eingeborene, haufenweise Giftschlangen, unsichtbare Giftgaswolken und viele andere Attraktionen, mit denen Reisende ihre Lebenserfahrung vergrößern und ihre Lebenserwartung verkleinern können.

»Ein wirklich schaurig-schönes Buch!«
(Kester Schlenz, stern)

»Eine vorzügliche Sammlung der tödlichsten Reiseziele weltweit.«
(FOCUS)

Markus Lesweng
How to Kill Yourself Abroad
Der Atlas für Waghalsige, Leichtsinnige und Lebensmüde

ISBN 978-3-95889-201-9
ISBN 978-3-95889-211-8

CON BOOK.